JPC
H K

请扫描二维码或登录网站 chinesemadeeasy.com/to-excel
注册 / 登录后，输入本书密码（见封二），获取听力录音
温馨提示：每本书只有一个密码，只能绑定一个账户

IBDP

# To Excel

## Chinese B Listening

# 飞跃

## 中文B听力专项训练

岳咏梅 牟楠楠 编著

| 简体版

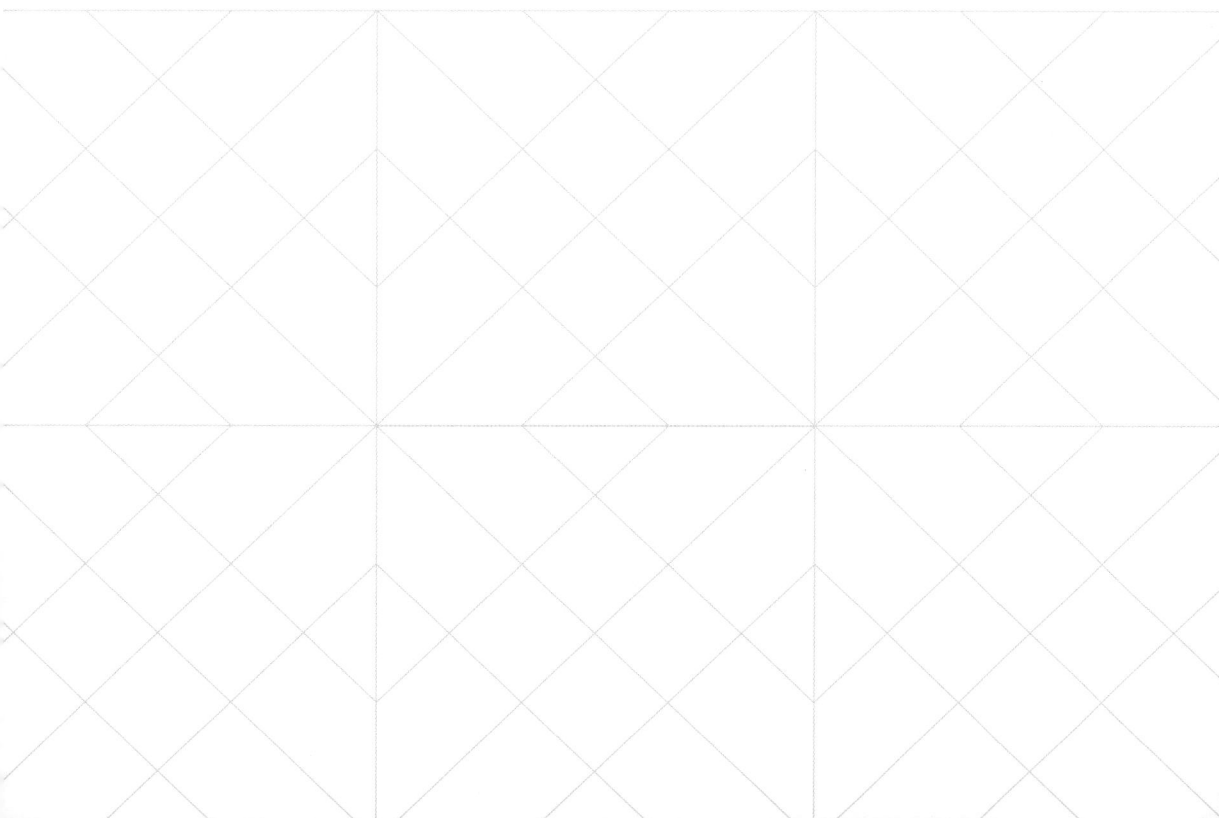

# 前言

这本听力专项训练是为帮助学生应对 2020 年语言 B 大纲中所新增的听力考试而编写的。

本书按照大纲中的五大主题编写了四十套听力主题练习和四套听力模拟试题，在一系列的听力情境中，帮助学生理解、分析和掌握相关的语音材料，培养学生熟悉语言和文化间的关系，鼓励学生认识不同文化背景下产生的不同观点。

本书结合大纲对于大学预科项目的核心成分方面的要求，在听力材料中加入 CAS、TOK 等方面的内容。不仅有利于学生对新增的听力考试有更充分的理解，也有助于老师借鉴参考、组织安排 CAS 活动。

**编写说明**

1. 听力考试简介：考试简介紧扣大纲要求，对听力理解部分的聆听内容、语音特点、题目类型进行了详细解析。此外，还结合学生在听力中常遇到的各类难点，针对不同题型，提供了实用的听力考试技巧指导。考试简介可以帮学生在短时间内快速提高听力水平与答题能力。

2. 听力主题练习：听力主题练习全面覆盖大纲所规定的五大主题。在每个主题下，选取四个热门话题设计听力练习。每个话题下又再分为普通课程和高级课程，提供两套听力材料和练习题。听力材料形式多样，含单人的新闻播报、两人的对话、三人的采访等形式。听力练习题型丰富，有单选、多选、回答问题、词语填空等题型。四十套主题练习可以让学生从易到难、循序渐进地适应新的考试模式与要求。

3. 听力模拟试题：书中为普通课程和高级课程的学生各准备了两套模拟测试题。每套模拟测试题在大纲规定的五大主题中选出三个主题，设计听力材料及问题，三部分的材料长度不同，问题由浅入深。四套模拟试题可以使学生更好地应对即将到来的全球听力统考。

**使用建议**

1. 聆听的能力离不开词汇量的支持，建议学生将书中所列的主题常用词作为平时练习与复习之用，牢固掌握。

2. 提高听力成绩有一些实用的技巧，建议学生在开始实战训练前，认真阅读书中的考试技巧指导，并在之后的练习中尝试应用这些技巧。

3. 能力的提高是循序渐进的，建议根据学生的实际水平，灵活选取不同难度、不同话题的听力主题练习展开训练，最后通过模拟测试题加以检验。

4. 本书的听力练习不仅适合学生课后的复习巩固、强化练习，亦适用于教师课堂的专项训练、随堂测试。

5. 本书的听力文本亦可作为阅读材料，培养学生读的能力。

6. 词汇和听力基础较薄弱的学生，可以先从《IBDP 中文 B 听力词汇手册》入手，结合词句的基础练习，牢固掌握中文 B 听力考试五大主题中常用到的词汇。

请扫描二维码或登录网站 chinesemadeeasy.com/to-excel
注册 / 登录后，输入本书密码（见封二），获取听力录音
温馨提示：每本书只有一个密码，只能绑定一个账户

# 目录

## 第一部分　听力考试简介



## 第二部分　听力主题练习

## 第三部分　听力模拟试题



## 附录　参考答案及录音文本

# 第一部分　听力考试简介

- 听力考试要求说明
- 听力考试技巧指导

# 听力考试要求说明

此次大纲新增加的听力理解首次考试的时间为 2020 年 5 月。此项考试是校外命题与评估。学生根据所听到的三段语音，就听力问题作书面回答。语音材料和理解问题试卷都是以学生所学的第二语言呈现的。

| 考试项目 | 级别 | 聆听内容 | 时间 | 总分 | 成绩比重 |
|---|---|---|---|---|---|
| 听力理解 | 普通课程 | 3 段语音 | 45 分钟 | 25 分 | 25% |
| 听力理解 | 高级课程 | 3 段语音 | 1 小时 | 25 分 | 25% |

语音材料的内容是围绕大纲规定的主题展开的，从五个主题（身份认同、体验、人类发明创造、社会组织、共享地球）中任选三个。题型主要有单选、多选、填空、选择正确的叙述、回答问题等。考题在难度上由易到难，循序渐进。普通课程听力理解的第三部分与高级课程听力理解的第一部分文本是相同的，但问题与难度是完全不同的。

值得注意的是，此次听力理解中的语音材料包含了地方口音，可能会出现香港口音、台湾口音等。这样设置之目的是让学生辨识地区间的区别，理解不同地区的口音。

# 听力考试技巧指导

提高听力考试成绩除了要掌握更多的词汇量、平日多听之外，还有一些技巧。

首先，在听力考试时，一定要充分利用有限的阅读时间，快速阅读情境描述和问题题目。

阅读情境描述时，要抓住三方面的信息。第一，听力材料的文本类型。听力材料的文本有播客、新闻广播、访谈、对话等。第二，听力材料中一共有几个人说话。“你会听到……与 / 跟 / 和……”类似的表达可以给你提示。第三，听力材料的话题和主要内容。“内容是关于 / 有关 / 说 / 介绍……”类似的表达可以给你提示。

阅读问题题目时，要抓住 5 个 W、4 个 H 和 1 个 Purpose。5 个 W 是指 Who/Whose（谁 / 谁的）、When（什么时候）、Where（在哪里）、What（什么 / 做什么 / 说什么）、Why（为什么）。4 个 H 是指 How many（多少）、How much（多少钱）、How long（多久）、How/How about it（怎么样）。另外，Purpose（目的）也是需要特别留意的。大部分听力材料都包含 5 个 W、4 个 H 和 1 个 Purpose。可以制定 5 个 W、4 个 H 和 1 个 Purpose 的表格，在听第一遍时将内容填入。空缺的内容，在听第二遍时再填上。

例如：阅读下面的段落，从中找出 5 个 W、4 个 H 和 1 个 Purpose。

小明和他的同班同学小白，今天下午从五点开始，花了三个多小时在学校的图书馆复习功课，因为他们明天有汉语考试。他们俩都希望这次考试能考出优异的成绩，他们这次的目标是冲 7 分。小明坚信只有平时勤学苦练才能成功，小白则认为只要大考前充分准备就能考出好成绩。

| | |
|---|---|
| **W（谁）** | 小明和小白 |
| **W（什么时候）** | 今天下午从五点开始 |
| **W（在哪里）** | 学校的图书馆 |
| **W（做什么）** | 复习功课 |
| **W（为什么）** | 明天有汉语考试 |
| **H（多少）** | 两个人 |
| **H（多少钱）** | / |
| **H（多久）** | 三个多小时 |
| **H（怎么样）** | 小明平时努力，小白考前努力 |
| **P（目的）** | 冲 7 分 |

其次，不同的题型在作答的时候也有不同的技巧。

（一）填空题的答题技巧

要仔细阅读考题的要求。例如“用不到 X 个词填空”等。

根据汉语的基本句型，填空题所要求填写的一般是时间、地点、人物、数字、活动名称，也可能是一些专有名词。

大纲规定的五大主题各有一些重点词语，需要特别留意。

| 身份认同 | 学生 | 老师 | 教师 | 校长 | 图书管理员 |
|---|---|---|---|---|---|
| | 讲师 | 教授 | 学士 | 硕士 | 博士 |
| | 服务员 | 经理 | 售货员 | 警察 | 报社记者 |
| | 电台主持人 | 播音员 | 演员 | 电影演员 | 话剧演员 |
| | 京剧演员 | 昆曲演员 | 画家 | 美术家 | 艺术家 |
| | 音乐家 | 歌唱家 | 舞蹈家 | 翻译 | 医生 |
| | 护士 | 导游 | 运动员 | 明星 | |
| 体验 | 春节 | 中秋节 | 端午节 | 清明 | 新年 |
| | 圣诞节 | 复活节 | 国庆节 | 艺术节 | 电影节 |
| | 学校开放日 | 校庆 | 运动会 | 世界杯 | 奥运会 |
| | 冬奥会 | 开幕式 | 闭幕式 | | |
| 人类发明创造 | 剪纸 | 书法 | 太极 | 象棋 | 国画 |
| | 绘画 | 园林 | 戏剧 | 戏曲 | 无人驾驶汽车 |
| | 无人超市 | 克隆 | 数码相机 | 3D 打印机 | 数据库 |
| | 智能手机 | 平板电脑 | | | |
| 社会组织 | 北大 | 清华 | 斯坦福 | 哈佛 | 牛津 |
| | 剑桥 | 语言学 | 传媒 | 经理 | 老板 |
| | 总监 | 总裁 | 经济分析师 | 厨师 | 服务员 |
| | 售货员 | 银行职员 | 工程师 | 律师 | 电工 |
| | 水暖工 | 销售 | 社区老人院 | 社区养老院 | 敬老院 |
| | 市中心 | 市区 | 郊区 | 边远地区 | |
| 共享地球 | 二氧化碳 | 臭氧层 | UV 辐射 | 噪音污染 | 环保 |
| | 化肥 | 自然资源 | 杀虫剂 | 废物利用 | 回收 |
| | 再生能源 | 电动汽车 | 全球金融 | 发达国家 | 发展中国家 |
| | 信息资源 | 地球村 | 世界贸易组织 | 资金控制 | 自由贸易 |
| | 星巴克 | 肯德基 | 麦当劳 | 城市 | 乡村 |
| | 农村 | 县城 | 商业中心 | 男女平等 | 误解 |
| | 误导 | 偏见 | 成见 | 分歧 | 歧视 |

（二）选择题的答题技巧

一些重点词语有助于我们在选择题中做出正确的回答。下面的词语在听的时候需要特别留意。

| | | | | | |
|---|---|---|---|---|---|
| 地名 | 上海<br>南京<br>新加坡<br>悉尼 | 北京<br>香港<br>温哥华 | 西安<br>澳门<br>纽约 | 杭州<br>台北<br>伦敦 | 苏州<br>花莲<br>墨尔本 |
| 数字 | 百分之 | 成 | 分 | | |
| 专有名词 | 小米<br>脸书<br>魔都 | 天猫<br>微信<br>京城 | 淘宝<br>推特<br>摩拜单车 | 滴滴打车<br>支付宝<br>亚马逊 | 优酷<br>微信红包 |
| 表示性格的词语 | 坚强<br>急性子 | 友好<br>敢于挑战 | 热心<br>自信 | 耐心<br>怪脾气 | 慢性子 |
| 表示情感的词语 | 高兴<br>惊恐<br>难为情 | 幸福<br>害怕 | 兴奋<br>愤怒 | 生气<br>害羞 | 难过<br>委屈 |
| 表示原因的词语 | 因为 | 由于 | 理由是 | | |
| 表示否定的词语 | 无<br>甭 | 不<br>非 | 否 | 没有 | 别 |
| 表示双重否定的词语 | 无不 | 不得不 | 谁不 | 没有不 | |
| 表示消极意思的词语 | 禁止<br>忽略 | 防止<br>忽视 | 忌<br>忘记 | 拒绝<br>难以 | 杜绝 |
| 表示程度的词语 | 太 | 真 | 特别 | 十分 | 非常 |
| 表示情感的词语 | 呵呵<br>喽 | 啊<br>嘛 | 吧<br>哈 | 唉 | 呵 |

（三）选择正确的叙述的答题技巧

这是考题中较难的一项。答题的一个关键是要抓住表达个人观点的词语。

| 表示观点的词语 | | | | |
|---|---|---|---|---|
| | 希望 | 相信 | 认为 | 坚信 |
| | 确信 | 肯定 | 断定 | 重申 |
| | 觉得 | 感到 | 感觉到 | 承认 |
| | 依我看来 | 在我看来 | 就我个人而言 | 我的观点是 |
| | 同意 | 赞成 | 赞同 | 提倡 |

如果是对话，一般情况下，两个人的观点会是一正一负的。例如：如果听力材料中有两位被访人，两人很可能是一正一反的观点。一个人持正面的态度，另一个人持负面的态度或是持另一种观点。

可以结合男声和女声来分辨两个人各自的观点。另外，听的时候，应该特别留意其中正面的态度观点。

# 第二部分　听力主题练习

# 主题一　身份认同

## 听力练习 1　生活方式（普通课程）

**情境：一个教汉语的播客在节目中介绍中国年轻人的生活方式。** 1

选择正确的答案。

**1.** 现在的年轻人 ..................。 [1]

☐ **A.** 也就是现在的 50 后
**B.** 很喜欢用手机，还喜欢上网
**C.** 喜欢去菜场和逛公园

**2.** 李婷婷 ..................。 [1]

☐ **A.** 今年 27 岁
**B.** 有时很晚下班
**C.** 总是叫外卖

**3.** 比起爸爸妈妈，李婷婷 ..................。 [1]

☐ **A.** 工作时间更长
**B.** 生活节奏更慢
**C.** 更少用手机

4. 李婷婷认为网购 ..................。 [1]

☐ A. 商品种类太多，不好选择
B. 经常买到质量不好的东西
C. 可以节约时间

5. 张思聪的父母 ..................。 [1]

☐ A. 很少上网
B. 还没退休
C. 参加很多义工活动

6. 除了网购，张思聪还用手机 ..................。 [1]

☐ A. 叫外卖
B. 看病
C. 租房

7. 选出**四个**正确的叙述。 [4]

☐ A. 李婷婷常常去商场买东西。
☐ B. 网络购物的快递很方便。
☐ C. 李婷婷的长辈不在网上买东西。
☐ D. 张思聪今年上大学三年级。
E. 张思聪还住在父母家。
F. 张思聪的父母生活很清闲。

# 主题一　身份认同

## 听力练习 2　生活方式（高级课程）

**情境：学生小南在汉语俱乐部的活动中介绍上海这座城市。**

2

回答下面的问题。

**1.** 小南这次去上海参加了什么活动？ [1]

..............................................................................................................

**2.** 上海最出名的**两条**河分别是什么？ [2]

(a) ..............................................................................................................

(b) ..............................................................................................................

**3.** 据小南介绍，上海的城市面积有多少平方公里？ [1]

..............................................................................................................

**4.** 为什么上海的春季与秋季是最佳旅游季节？ [1]

..............................................................................................................

**5.** 选出**五个**正确的叙述。 [5]

☐ ☐ ☐ ☐ ☐

**A.** 1844 年，上海县就设立了。

**B.** 1844 年，各国的商人与冒险家都愿意去上海发展。

**C.** 在外滩建造的具有国际风格的建筑都是中国建筑师设计的。

**D.** 外滩的众多具有国际风格的建筑，有的是中国建筑师设计的，有的是外国的建筑师设计的。

**E.** 中国十大最高建筑都在上海。

**F.** 上海中心大厦是中国十大最高建筑中的一座。

**G.** 上海是中国的经济与金融之都。

**H.** 在中国，上海人的平均英语水平最高。

**I.** 上海人全都会说英语，而且喜欢帮助人。

# 主题一　身份认同

## 听力练习 3　健康和幸福（普通课程）

**情境：2018 年 8 月，新加坡一个电视节目播放关于共享单车的新闻报道。** 3

**1.** 选出**五个**正确的叙述。 [5]

- ☐ **A.** 共享单车已经在新加坡投入使用一年多了。
- ☐ **B.** 新加坡的公共交通体系比较完善。
- ☐ **C.** 共享单车只能在地铁站附近找到。
- ☐ **D.** 共享单车公司宣传共享单车是一种绿色出行方式。
- ☐ **E.** 有的新加坡人认为骑共享单车有很多好处。
- **F.** 新加坡人都把共享单车随意停放在路边。
- **G.** 新加坡人都不用智能手机。
- **H.** 新加坡人对共享单车有不同的看法。

选择正确的答案，在方框里打钩。

| | **观点是谁的？** | **黄曼丽** | **李先生** | **陈阿婆** | |
|---|---|---|---|---|---|
| **2.** | 骑共享单车比打车便宜。 | ☐ | ☐ | ☐ | [1] |
| **3.** | 共享单车有的时候会影响市容。 | ☐ | ☐ | ☐ | [1] |
| **4.** | 新加坡的天气不适合骑自行车。 | ☐ | ☐ | ☐ | [1] |
| **5.** | 共享单车有可能引发交通安全问题。 | ☐ | ☐ | ☐ | [1] |
| **6.** | 共享单车造型时尚。 | ☐ | ☐ | ☐ | [1] |

# 主题一　身份认同

## 听力练习 4　健康和幸福（高级课程）

**情境：兰兰与小白在饭馆讨论减肥的话题。**

4

回答下面的问题。

**1.** 在点菜的时候，小白想点什么？ [1]

......................................................................................................

**2.** 兰兰选了一家什么类型的餐厅和小白一起共进午餐？ [1]

......................................................................................................

**3.** 兰兰点了什么冷盘？选出**两个**正确的答案。 [2]

☐ ☐

**A.** 五香烤鸭

**B.** 五香牛肉

**C.** 麻婆豆腐

**D.** 水果盘

**E.** 海带丝

选择正确的答案，在方框里打钩。

| | 含有什么营养？ | 碳水化合物 | 维生素 | 蛋白质 | |
|---|---|---|---|---|---|
| **4.** | 烤鸭 | ☐ | ☐ | ☐ | [1] |

| | 含有什么营养？ | 纤维 | 脂肪 | 蛋白质 | |
|---|---|---|---|---|---|
| **5.** | 海带丝 | ☐ | ☐ | ☐ | [1] |

| | 含有什么营养？ | 纤维 | 脂肪 | 蛋白质 | |
|---|---|---|---|---|---|
| **6.** | 豆腐 | ☐ | ☐ | ☐ | [1] |

**7.** 选出**三个**正确的叙述。 [3]

☐ **A.** 想要拥有健康的身体，只需要锻炼身体就行了。

☐ **B.** 除了每日做运动外，还要按时吃好三餐。

☐ **C.** 想要健康，不但要有健康的生活习惯，还应有开朗的生活态度。

**D.** 兰兰与小白约好下周一一起去健身中心办一张健身卡。

**E.** 兰兰和小白将一起去健身中心做运动，锻炼身体。

**F.** 关于兰兰一起去健身中心锻炼身体的建议，小白说了一个“不”字。

# 主题一　身份认同

## 听力练习 5　信念和价值观（普通课程）

**情境：某电视台主持人在街头采访中国年轻人对于婚恋的看法。** 5

选择正确的答案。

**1.** 许女士今年 ..................。 [1]

☐ **A.** 不到三十岁
**B.** 三十多岁
**C.** 二十出头

**2.** 为什么许女士说自己是人们常说的“剩女”？ [1]

☐ **A.** 她没结婚，也没男朋友
**B.** 她还没有孩子
**C.** 她不想结婚

**3.** 许女士觉得未来的丈夫应该 ..................。 [1]

☐ **A.** 工作稳定
**B.** 谈得来
**C.** 有房有车

4. 许女士的爸妈 .................. 开始到相亲角替她征婚。 [1]

☐ A. 一年前
B. 三年前
C. 四年前

5. 许女士的爸妈给她介绍过一位不错的男士，为什么没有成功？ [1]

☐ A. 那位男士的爸妈不喜欢许女士
B. 那位男士和许女士住在不同的国家
C. 那位男士的爸妈不愿意离开中国

6. 选出**五个**正确的叙述。 [5]

☐ A. 这个访谈可能发生在上海。
☐ B. 周先生以前不想结婚。
☐ C. 周先生以前挺想结婚的。
☐ D. 放假的时候，周先生有时候会去见朋友。
☐ E. 放假的时候，周先生有时候会去旅行。
F. 周先生的爸妈希望他们早点儿生二胎。
G. 周先生将来不想要孩子。

# 主题一　身份认同

## 听力练习 6　信念和价值观（高级课程）

**情境：作为 CAS 活动的一部分，德国一家 IB 学校的 DP 学生采访中国同学大伟对智能手机的看法。**

6

根据听到的内容填空。

中国学生大伟最近看到新闻说，在中国西南地区的一个城市，一些大学生为了去买大品牌的智能手机，甚至到 **1.** .................. 或 **2.** .................. 去贷款。 [2]

根据听到的内容填表。 [5]

对比以新闻中的大学生为代表的中国学生与以大伟的室友为代表的德国学生的观点。

| | 中国学生（以新闻中的大学生为代表） | 德国学生（以大伟的室友为代表） |
|---|---|---|
| 认为智能手机 | 让人很有面子 | 仅是通讯工具 |
| | **3.** .................................................. | 主要用来接打电话 |
| | 带来优越感 | **4.** .................................................. |
| | **5.** .................................................. | 品牌不重要 |
| | **6.** .................................................. | **7.** .................................................. |

回答下面的问题。

**8.** 中国人常说“人人心中有一把尺子”，根据大伟的讲述来解释这句话的含义。 [1]

.................................................................................................................................

**9.** 中国学生大伟怎么看中国生产的智能手机？ [1]

.................................................................................................................................

**10.** 中国学生大伟认为怎样做才能与来自不同文化背景的学生和平相处？ [1]

.................................................................................................................................

# 主题一　身份认同

## 听力练习 7　语言与身份认同（普通课程）

**情境：在 DP 一年级同学的选课会上，DP 二年级的学生代表安迪谈自己学习中文 B 的感受。**

7

选择正确的答案。

**1.** 安迪从什么时候开始学习中文？ [1]

☐
**A.** 九年级
**B.** 三年级
**C.** 六年级

**2.** 安迪学了多久中文？ [1]

☐
**A.** 六年多
**B.** 七年
**C.** 七年多

**3.** 全世界有多少人以中文为母语？ [1]

☐
**A.** 十三亿
**B.** 十四亿
**C.** 十五亿

4. 说中文的人大约占世界人口的 ..................。 [1]

☐ A. 15%
B. 20%
C. 25%

5. 中国有 .................. 的历史。 [1]

☐ A. 几千年
B. 几亿年
C. 一千多年

6. 选出**五个**正确的叙述。 [5]

☐ A. 说中文的人不都居住在中国。
☐ B. 如果不去中国，那么学中文就没有什么用了。
☐ C. 会说中文的人将来可能收入更高。
☐ D. 中国人对人生的态度和看法有不少都体现在汉字里。
☐ E. 学中文会面临很多挑战。
F. 安迪觉得学校的两位中文 B 老师都特别好。

# 主题一　身份认同

## 听力练习 8　语言与身份认同（高级课程）

**情境：澳洲"海外之星"电台主持人采访著名的华裔作家王杰生先生。** 8

回答下面的问题。

**1.** 按照出版的顺序，写出王先生三部作品的名称。 [3]

(a) 第一部：......................................................................

(b) 第二部：......................................................................

(c) 第三部：......................................................................

**2.** 王先生说他最大的遗憾是什么？ [1]

......................................................................

**3.** 儿时的王先生在家中是如何与父母交流的？ [1]

......................................................................

选择正确的答案。

4. 王先生在叙说童年时说父母日日披星戴月，“披星戴月”的意思是 ..................。 [1]

☐ A. 披一件衣服，去看月亮
B. 每个星期，每个月
C. 很早出门，很晚归来

5. 中国人常说的“民以食为天”的意思是 ..................。 [1]

☐ A. 在百姓的生活中，吃是首要的事
B. 人们在星期天才外出吃饭
C. 一家中国饭店的名字

6. 选出**三个**正确的叙述。 [3]

☐ ☐ ☐

A. 王先生的作品显示出对中国文化的眷恋。
B. 在第三部作品出版之后，王先生的下一部作品打算找人翻译成中文版。
C. 王先生的父母来自中国，是土生土长的香蕉人。
D. 王先生将自己比喻成香蕉人。
E. 王先生的作品中讲述的都是异国的爱情故事。
F. 王先生正在中文学校学习汉语，计划用中文写小说。
G. 王先生建议华裔子女去参加中国寻根之旅，传承中国文化。

# 主题二　体验

## 听力练习 9　休闲活动（普通课程）

**情境：中国西藏拉萨市云海度假村代表向宾客致欢迎辞。**

选择正确的答案。

**1.** 下面哪张图正确标注了云海度假村的地理位置？ [1]

☐

**A.**
拉萨市
云海度假村

**B.**
拉萨市
云海度假村

**C.**
云海度假村
拉萨市

**D.**
云海度假村
拉萨市

云海度假村的周围都有什么？在列表中选择正确的答案。 [4]

A. 拉萨河
B. 德仲温泉
C. 河阳高尔夫球场
D. 曲川镇

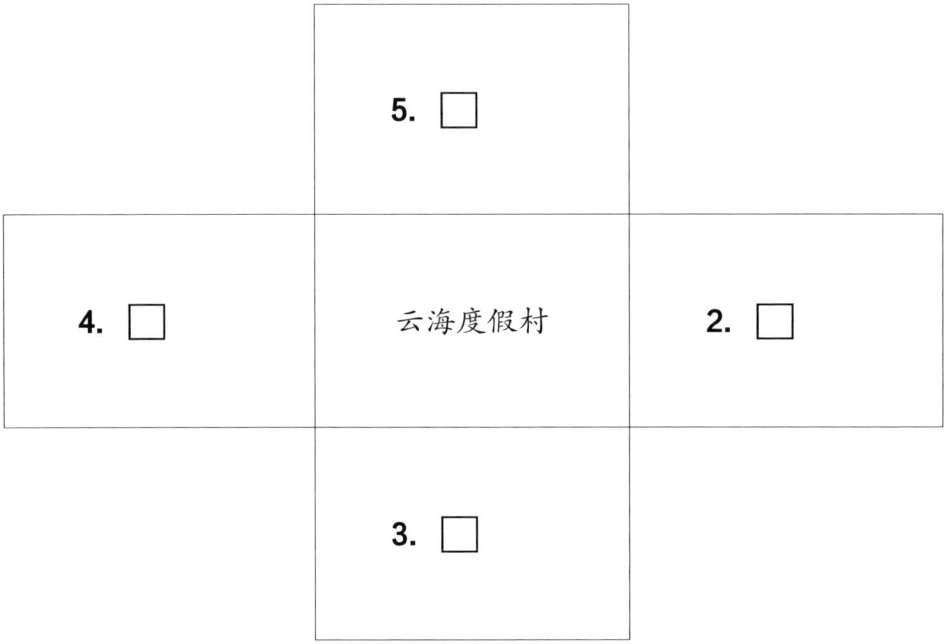

| | 5. ☐ | |
|---|---|---|
| 4. ☐ | 云海度假村 | 2. ☐ |
| | 3. ☐ | |

6. 云海度假村 .................. 距离拉萨旅游大巴专线 .................. 云海站只有 .................. 的步行距离。 [1]

☐
A. 东门　一号线　一分钟
B. 北门　七号线　七分钟
C. 东门　一号线　七分钟
D. 北门　七号线　一分钟

**7.** 选出**四个**正确的叙述。 [4]

☐ A. 布达拉宫是拉萨著名的旅游景点。

☐ B. 云海度假村酒店拥有两百余间客房。

☐ C. 在云海度假村酒店，客人可在室内打网球。

☐ D. 中餐厅全天营业，可同时容纳近百人用餐。

E. 西餐厅的厨师可以烹饪来自法国和意大利的美食。

F. 青少年户外活动中心提供水上运动、生存训练所需的设施。

# 主题二　体验

## 听力练习 10　休闲活动（高级课程）

**情境：记者张梅在上海现场报道民众的周末休闲活动。**

10

选择正确的答案。

1. .................. 公布的统计数据显示：在上海，外出参加休闲活动的人数增多了。 [1]

☐

**A.** 去年初

**B.** 去年 12 月

**C.** 今年 12 月

**D.** 今年初

2. 跟去年同期相比，外出参与休闲活动的人数增加了 ..................。 [1]

☐

**A.** 40%

**B.** 超过 40%

**C.** 大约 40%

**D.** 60%

回答下面的问题。

3. 列举**两项**人们周末和假期的休闲方式。 [2]

(a) ..............................................................................................................

(b) ..............................................................................................................

4. 人们周末和假期参加休闲活动能带来什么好处？请列举**两个**好处。[2]

(a) ..............................................................................................................

(b) ..............................................................................................................

下面的各位客人参加了什么活动？在列表中选择正确的答案。

**A.** 画国画

**B.** 上网

**C.** 玩儿手机

**D.** 制作陶艺

**E.** 制作木版年画

**F.** 半躺在沙发里

**G.** 画铅笔画

**H.** 制作蜡染布

5. 李先生 ☐ [1]

6. 王女士 ☐ [1]

7. 小雪 ☐ [1]

8. 赵阿姨 ☐ [1]

# 主题二　体验

## 听力练习 11　假日和旅行（普通课程）

**情境：王大卫给西安飞达旅行社打电话咨询。**

回答下面的问题。

**1.** 飞达旅行社的西安旅游套餐一共有四种，除了半自由行、高端私人订制，还有什么？ [2]

(a) ..........................................................................................

(b) ..........................................................................................

**2.** 王大卫选择了半自由行，请列举**两个**原因。 [2]

(a) ..........................................................................................

(b) ..........................................................................................

根据听到的内容填表。 [4]

半自由行八日深度游的行程是怎样的？

| 第一天 | 东线 | 兵马俑 |
|---|---|---|
| 第二天 | **3.** ........................................ | 法门寺 |
| 第三天 | **4.** ........................................ | 终南山 |
| 第四天 | 北线 | 壶口瀑布 |
| 第五天 | / | 坐高铁去 **5.** ........................ |

| 第六天 | 市内 | 钟鼓楼和回民街 |
|---|---|---|
| 第七天 | 市内 | **6.** ........................................... |
| 第八天 | 市内 | 碑林博物馆和古城墙 |

**7.** 选出**两个**正确的叙述。 [2]

☐ **A.** 王大卫和同学想要六月份去毕业旅游。

☐ **B.** 只要满五人，飞达旅行社就可以提供独立成团的半自由行套餐。

**C.** 王大卫预订的行程每人三千块。

**D.** 王大卫可以先旅行后付款。

**E.** 王大卫可以通过旅行社官方微信付款，也可以用支付宝扫码支付旅行费用。

**F.** 在西安乘坐公共交通工具，只能购买交通卡。

# 主题二 体验

## 听力练习 12 假日和旅行（高级课程）

**情境：学生玛丽采访本校中文 TOK 课的张老师。** 12

根据听到的内容判断对错。在方框里打钩，并写明理由。

**1.** 玛丽刚从中国旅行回来，想与张老师谈谈她对旅行的看法。 [1]

对 错

☐ ☐

理由：……………………………………………………………………

**2.** 张老师利用午休时间采访了玛丽。 [1]

对 错

☐ ☐

理由：……………………………………………………………………

**3.** 玛丽的中文说得非常流利，她的母语是中文。 [1]

对 错

☐ ☐

理由：……………………………………………………………………

回答下面的问题。

**4.** 当玛丽说了一个句子后，张老师马上就夸玛丽是个中国通。请写出这个句子。 [1]

..........................................................................................

**5.** 张老师说优秀的中文 TOK 课老师应该具备哪些条件？请写出**两个**条件。 [2]

(a) ..........................................................................................

(b) ..........................................................................................

**6.** 选出**四个**正确的叙述。 [4]

☐ ☐ ☐ ☐

**A.** 中国古人说行万里路就是旅行的意义。

**B.** 有的人认为旅行就是吃小吃、买特产、每天不用早起。

**C.** 有的人认为旅行的意义在于轻松、愉快与满足。

**D.** 旅行是一所社会大学，能让人不断充实自我。

**E.** 旅行的时候我们就有时间看完百科全书了。

**F.** 张老师的中文 TOK 课很受学生欢迎。

# 主题二　体验

## 听力练习 13　生活故事（普通课程）

**情境：某电台节目报道一个关于“断舍离生活方式”的研究报告。** 13

选择正确的答案。

**1.** 中国关注断舍离生活方式的群体的年龄是 ..................。 [1]

☐

**A.** 75-80 岁左右

**B.** 20-25 岁左右

**C.** 30-45 岁左右

**D.** 50-60 岁左右

**2.** 中国关注断舍离生活方式的群体中，女性占 ..................，男性占 ..................。 [1]

☐

**A.** 89%　11%

**B.** 87%　13%

**C.** 81%　19%

**D.** 83%　17%

3. 关注断舍离生活方式的群体大部分通过 .................. 深入学习断舍离生活方式。 [1]

- [ ] A. 微信、微博
- B. 书籍、杂志
- C. 广播、电视
- D. 周边的人

4. 中国关注断舍离生活方式的群体中，排名前五位的城市有哪些？选出**三个**正确的答案。 [3]

- [ ] A. 天津
- [ ] B. 西安
- [ ] C. 南京
- D. 广东
- E. 广州
- F. 深圳

5. 选出**四个**正确的叙述。 [4]

- [ ] A. 北京及周边地区有很多关注断舍离生活方式的人。
- [ ] B. 上海及周边地区有很多关注断舍离生活方式的人。
- [ ] C. 山西省关注断舍离生活方式的人数排名中国前五。
- [ ] D. 山东省关注断舍离生活方式的人数排名中国前五。
- E. 关注断舍离生活方式的群体中，大约三分之一的人通过书籍杂志了解断舍离生活方式。
- F. 关注断舍离生活方式的群体中大多是学生。

# 主题二　体验

## 听力练习 14　生活故事（高级课程）

**情境：“我”有一天在家里发现了一个迷你泥壶，于是写下了这个故事。**

14

回答下面的问题。

**1.** 为什么作者说“迷你泥壶”是“古印度壶”的缩小版？ [1]

......................................................................................................

**2.** “拿来给小女玩儿办家家正好”指什么？ [1]

......................................................................................................

选择正确的答案。

**3.** “我”是在哪儿最先发现这种“迷你泥壶”的？ [1]

☐

**A.** 茶杯下面

**B.** 植物枝干上

**C.** 直壁上面

**D.** 茶桌下面

4. 泥壶蜂用多长时间可以造好一个泥壶？ [1]

☐ A. 一个小时
B. 半个小时
C. 不到两个小时
D. 两个小时

根据听到的内容完成句子。

A. 出自一只小鸟。
B. 是一种肉虫。
C. 泥壶蜂妈妈十分用心负责。
D. 出自一只昆虫。
E. 放在阳台上。
F. 塞进泥壶里。

5. 那些浑然天成的艺术品…… ☐ [1]

6. 泥壶蜂宝宝的食物…… ☐ [1]

7. 泥壶蜂妈妈把肉虫…… ☐ [1]

8. 为了泥壶蜂的下一代，…… ☐ [1]

# 主题二　体验

## 听力练习 15　风俗与传统（普通课程）

**情境：《英伦时报》的记者报道伦敦特拉法尔加广场 (Trafalgar Square) 的春节庆祝活动。**

回答下面的问题。

1. 在伦敦的春节庆典上，四海同春艺术团表演了哪些节目？请列举至少**两项**。 [2]

   (a) ……………………………………………………………………

   (b) ……………………………………………………………………

根据听到的内容完成句子。

| |
|---|
| **A.** 专程从意大利赶来参加伦敦的春节庆典活动。 |
| **B.** 想过几天去动物园看大熊猫。 |
| **C.** 曾经在中国留学。 |
| **D.** 打算以后去中国旅行并体验中国春节。 |
| **E.** 带家人来伦敦探亲。 |
| **F.** 是在剑桥大学读博士的中国留学生。 |
| **G.** 因为工作原因逐渐喜欢上中国文化。 |
| **H.** 可能在看完演出后去中国城吃饺子。 |
| **I.** 打算明年再来参加伦敦的中国新年庆祝活动。 |
| **J.** 今年是本命年。 |

2. 安东尼⋯⋯ ☐ [1]

3. 梅丽莎⋯⋯ ☐ [1]

4. 卡托斯⋯⋯ ☐ [1]

5. 玛丽亚⋯⋯ ☐ [1]

6. 弗兰克⋯⋯ ☐ [1]

7. 李静安⋯⋯ ☐ [1]

8. 金海玉⋯⋯ ☐ [1]

# 主题二　体验

## 听力练习 16　风俗与传统（高级课程）

**情境：作为 CAS 活动的一部分，汉语班的学生去华人养老院探望老一代的移民。一位同学回来后做口头反思。** 16

回答下面的问题。

**1.** 学生与老人联欢时，最受欢迎的节目是什么？ [1]

..........................................................................................

**2.** 填写孙婆婆的背景。 [3]

(a) 祖籍：..........................................................................

(b) 在海外居住的时间：..........................................................

(c) 孙婆婆常常梦到：..............................................................

**3.** 由于“故土难离，叶落归根”的观念，孙婆婆的朋友们做了什么决定？ [1]

..........................................................................................

**4.** 为什么孙婆婆要搬去养老院？请列举至少一个原因。 [1]

..........................................................................................

**5.** 选出**四个**正确的叙述。 [4]

☐ ☐ ☐ ☐

**A.** 汉语班的学生会在每年的中国传统节日去老人院看望老华侨。

**B.** 养老院周围有众多中餐馆。

**C.** 在国外，只有春节时才会举办大型的联欢活动。

**D.** 孙婆婆说现在老移民对国外的生活是比较习惯的。

**E.** 因为华人团体越来越受重视，所以总理每年都与华人一起欢度春节。

**F.** 汉语班的学生下一次会在中秋节去看望孙婆婆。

**G.** 端午节的时候，汉语班的学生会去看望孙婆婆。

# 主题三　人类发明创造

## 听力练习 17　娱乐（普通课程）

**情境：美国纽约美东第一高中学校电视台记者彼得报道国际文化周中的昆曲表演。**

回答下面的问题。

**1.** 为了更好地帮助师生理解剧情故事，《牡丹亭 · 游园》《桃花扇 · 爱江南》《西厢记 · 长亭送别》三个昆曲演出提供了哪**三种**语言的翻译？ [3]

(a) ........................................

(b) ........................................

(c) ........................................

**2.** 中国的学生赵雨菲小时候认为昆曲不好听，为什么？请列举**两个**原因。 [2]

(a) ........................................

(b) ........................................

**3.** 选出**五个**正确的叙述。 [5]

☐ A. 中国苏州昆剧院的演员们只有十几岁。
☐ B. 美东第一高中有来自世界不同国家的学生。
☐ C. 苏州昆剧团曾多次成功表演《三打白骨精》。
☐ D. 山田同学不是第一次接触孙悟空的故事。
☐ E. 山田同学认为听昆曲和看电视差不多。
F. 有几位同学上台学习了怎样唱昆曲。
G. 昆曲中，演员不同的动作和表情常常表达不同的情感。
H. 昆曲有六百多年的历史。

# 主题三　人类发明创造

## 听力练习 18　娱乐（高级课程）

**情境：中国休闲娱乐网报道一款叫作“旅行青蛙”的手机游戏。** 18

**1.** 选出**四个**正确的叙述。 [4]

☐ A.“旅行青蛙”是从月初开始在中国流行起来的。
☐ B.“旅行青蛙”是 2018 年年头中国最流行的手机游戏。
☐ C. 在手机上下载“旅行青蛙”需要付费。
☐ D.“旅行青蛙”可以在手机上免费下载。
E. 人们在任何时间、地点都可以玩儿“旅行青蛙”。
F.“旅行青蛙”虽然受时间、地点的限制，但也能忙里偷闲来玩儿。
G. 只有年轻女性爱玩儿“旅行青蛙”。
H. 从青少年到中年人都爱玩儿“旅行青蛙”。

回答下面的问题。

**2.** 在形容可爱的小青蛙时，作者用了另外一个词来代替“可爱”，请写出这个词。 [1]

……………………………………………………………………

**3.** 玩家收集的“三叶草”有什么作用？ [1]

……………………………………………………………………

4. 青蛙外出旅行和回到家的时候，会为玩家带回什么？请列举**两项**。[2]

(a) ……………………………………………………………………………………

(b) ……………………………………………………………………………………

5. “青蛙”在中文里的谐音是什么？ [1]

……………………………………………………………………………………

6. 不看好“旅行青蛙”的人认为喜欢这个游戏是一种什么样的表现？[1]

……………………………………………………………………………………

# 主题三　人类发明创造

## 听力练习 19　交流与媒体（普通课程）

**情境：某微信公众号采访两位在中国经营自媒体的外国人——高佑思和阿福。**

19

选择正确的答案。

**1.** 辣条和王者荣耀都是 ..................。 [1]

☐
**A.** 自媒体
**B.** 热点话题
**C.** 微信公众号

**2.** 有网友留言“他们其实都是假的外国人吧”是因为 ..................。 [1]

☐
**A.** 这些外国人长得和中国人很像
**B.** 这些外国人都住在中国
**C.** 这些外国人的中文说得很流利

**3.** “洋女婿”的意思是 ..................。 [1]

☐
**A.** 和外国人结婚的中国人
**B.** 在中国结婚的外国人
**C.** 太太是中国人的外国人

4. “‘接地气’的外国人”是指 .................. 的外国人。 [1]

☐ A. 了解中国和中国人
B. 了解外国和外国人
C. 打破偏见、传播正能量

根据听到的内容填表。 [6]

| | 高佑思 | 阿福 |
|---|---|---|
| 哪里人 | 以色列人 | 5. .......................... |
| 现在住在哪里 | 6. .......................... | 7. .......................... |
| 自媒体平台开始时间 | 2017 年 1 月 | 8. .......................... |
| 第一个视频的内容 | 9. .......................... .......................... | 用中文介绍自己国家的蔬菜 |
| 第一个视频的点击量 | 10. .......................... | 近 30 万 |

# 主题三　人类发明创造

## 听力练习 20　交流与媒体（高级课程）

**情境：小张采访本校学生小白与杰森，询问他们对于社交软件“微信”与“脸书”的看法。**

根据听到的内容填表。 [3]

| | 学习的第二语言 | 在校身份 |
|---|---|---|
| 小张 | 英文 | **1.** ............................ |
| 小白 | **2.** ............................ | 学生 |
| 杰森 | **3.** ............................ | 学生 |

回答下面的问题。

**4.** 采访开始时，小白对小张说了一句话，意思是“你怎么来了”，请写出这个句子。 [1]

..............................................................................................................

**5.** 小白说现代青少年追求什么？ [1]

..............................................................................................................

**6.** 小白说“它”既方便了日常生活消费，又增添了趣味感。这里的“它”指的是什么？ [1]

………………………………………………………………………………………………

**7.** 小白在讲述家里很多亲戚在微信群里聊家常时，用了一个短语表示“亲戚多”，请写出这个短语。 [1]

………………………………………………………………………………………………

**8.** 小白形容不用脸书就“落伍了”时，使用了一个什么词？ [1]

………………………………………………………………………………………………

**9.** 小白在什么情况下才会用脸书？ [1]

………………………………………………………………………………………………

**10.** 小白建议杰森去哪里用自己春节时给杰森的“礼物”？ [1]

………………………………………………………………………………………………

# 主题三　人类发明创造

## 听力练习 21　技术（普通课程）

**情境：某科普播客节目介绍大数据。** 21

1. 选出**四个**正确的叙述。 [4]

- ☐ **A.**“大数据”这个词在当今社会经常被提及。
- ☐ **B.** 大数据逐渐改变了传统生活方式。
- ☐ **C.** 每个人的生活都完全离不开大数据的使用。
- ☐ **D.** 网络购物平台通过大数据的整理和分析，能向用户提供商品推荐，引导购物。
- **E.** 通过大数据，公交站的智能站牌能向乘客预告乘车信息。
- **F.** 大数据的使用有百害而无一利。

根据听到的内容填表。 [4]

下面这些网络平台的用途是什么？

| 网络平台的名称 | 网络平台的用途 |
| --- | --- |
| 饿了么 | **2.** ........................................ |
| 滴滴 | **3.** ........................................ |
| 百度 | **4.** ........................................ |
| 微信 | **5.** ........................................ |

选择正确的答案。

**6.** 下面哪个不是大数据的特征？ [1]

☐

**A.** 容量大

**B.** 存取速度快

**C.** 使用便捷

**D.** 类型多

**7.** 大数据最大的弊端是什么？ [1]

☐

**A.** 被坏人利用

**B.** 暴露隐私

**C.** 应用价值高

**D.** 推送广告

# 主题三　人类发明创造

## 听力练习 22　技术（高级课程）

**情境：法国某 IB 学校中文 TOK 课上，来自中国的留学生代表和法国当地的学生代表开展了一场关于电子支付的利与弊的辩论。** 22

根据听到的内容填空。

**1.** 中国在金融、.................. 方面的发展速度非常快。 [1]

**2.** 现今，支付宝、.................. 的电子支付功能是被中国广大民众所接受的。 [1]

选择正确的答案。

**3.** 停车场电子缴费是从 .................. 开始广泛应用的。 [1]

☐

**A.** 2018 年底

**B.** 2018 年初

**C.** 2018 年中

**4.** 用电子支付所花费的时间 ..................。 [1]

☐

**A.** 为短短三五秒

**B.** 不到三秒

**C.** 超过五秒

5. 商家通过电子支付收款可以 ..................。 [1]

☐ A. 减少服务时间

B. 推销自己的库存产品

C. 降低收到假币的风险

6. 反方弗兰克同学的观点是怎样的？选出**五个**正确的答案。 [5]

☐ A. 法国人愿意接受电子支付方式

☐ B. 法国人认为电子支付会被少数几个金融机构所操控

☐ C. 法国人注重个人体验，所以不愿意外出购物

☐ D. 法国人认为电子支付可以更快地在咖啡馆买咖啡、在饭馆点菜

☐ E. 法国人认为都改为电子支付，不用这种方式可能就会买不到咖啡、点不到菜

F. 法国人注重个人隐私，所以不愿意用电子支付

G. 法国人认为用电子支付会让别人知道自己去哪儿喝了咖啡

H. 法国人认为电子支付会侵犯隐私权

# 主题三　人类发明创造

## 听力练习 23　科学创新（普通课程）

**情境：一个学生在 TOK 课上做口头表达练习，他的题目是从抵制“杀手机器人”看伦理方面的考虑是否会限制知识的产生和应用。**

根据听到的内容填空。

**1.** .................. 年 **2.** .................. 月，**3.** .................. 余名世界顶尖人工智能和 **4.** .................. 研究专家宣布，将联合抵制 **5.** .................. 科学技术院关于人工智能武器的研发计划。 [5]

**6.** 选出**五个**正确的叙述。 [5]

- ☐ **A.** 军事领域人工智能的开发将被恐怖分子利用。
- ☐ **B.** 人类对人工智能未来的发展无法准确预料。
- ☐ **C.** 人工智能将来会有人类的自我意识。
- ☐ **D.** 人工智能的发展还处于起步阶段。
- ☐ **E.** 现阶段对人工智能颠覆人类的担忧是不必要的。
- **F.** 人工智能的发展有利也有弊。
- **G.** 人类自身的伦理知识体系中还存在很多待解决的难题。

# 主题三　人类发明创造

## 听力练习 24　科学创新（高级课程）

**情境：某电台节目主播小陈在节目中讨论中国智能无人服务业的话题。** 24

选择正确的答案。

**1.** 无人超市与无人餐厅最先开在 ..................。 [1]

☐ **A.** 上海
**B.** 杭州
**C.** 广州

**2.** .................. 等城市也相继出现了无人店。 [1]

☐ **A.** 上海、北京、成都
**B.** 杭州、西宁、北京
**C.** 广东、成都、杭州

**3.** 无人店的特点是 ..................。 [1]

☐ **A.** 和普通店没有太大差别
**B.** 没有营业员，只有收银台
**C.** 除了没有营业员之外，也没有收银台根据听到的内容填空。

无人店将改变中国的 **4.** .................. 与餐饮业。 [1]

在无人超市购物时，先用手机扫码进入超市，接着挑选想买的商品，放入 **5.** ..................，最后走到自动门前，机器可以自动识别选购的商品，**6.** .................. 一次性完成电子付款。 [2]

回答下面的问题。

**7.** 无人餐厅在点餐方面有什么优点？ [1]

..........................................................................................................

**8.** 未来将在中国开多少家无人餐厅？ [1]

..........................................................................................................

**9.** 无人店对哪类消费者来说是有难度的？ [1]

..........................................................................................................

**10.**“今日看世界”节目下一期的话题是什么？ [1]

..........................................................................................................

# 主题四　社会组织

## 听力练习 25　社会关系（普通课程）

**情境：新加坡南华出版社举办《社交网媒改变世界》的新书发布会。** 25

**1.** 选出**五个**正确的叙述。 [5]

☐ **A.** 孟晓在出版社工作。
☐ **B.** 梅月在大学工作。
☐ **C.** 梅月没有任何社交媒体账号。
☐ **D.** 王勇在银行工作。
☐ **E.** 王勇是一名研究员。
**F.** 有些咖啡馆不提供无线网。
**G.** 王勇喜欢和朋友到咖啡馆聊天儿。
**H.** 王勇从不在社交网上发自己的私密照片。

根据听到的内容填空。

使用社交媒体后，**2.** .................... % 的受访者表示与伴侣或配偶有更多沟通，高达 **3.** .................... % 的受访者表示他们与朋友更频繁地沟通，另外还有 **4.** .................... % 的人表示他们与同事的沟通更加频繁。 [3]

选择正确的答案。

5. 读者王先生说“这些人更‘怪’一些”，“这些人”是指谁？ [1]

☐ A. 总是把穿着暴露的自拍照放到社交媒体上的人
B. 为了获得“点赞”去做平常不会做的事情的人
C. 对生活极度不满意且别有用心的人

6. 梅博士在书中说，人们在工作中使用社交媒体，除了可以和同事保持联系之外，还有什么好处？ [1]

☐ A. 获得更多“点赞”
B. 关注同事现状
C. 结识更多同行

# 主题四　社会组织

## 听力练习 26　社会关系（高级课程）

**情境：加拿大某 IB 学校 DP 二年级学生在社区广播电台由本校学生主办的“一周一论坛”节目中采访孙先生。** 26

选择正确的答案。

1. 被邀嘉宾孙先生是 ..................。 [1]

☐ A. 本市首位市长
B. 本市首位华裔市长
C. 华裔省长

2. 社区广播电台的热线电话是 ..................。 [1]

☐ A. 1561689
B. 1568916
C. 1566189

3. 孙先生认为多元化的社会就像是 ..................。 [1]

☐ A. 一所社会大学
B. 一所名牌大学
C. 一所国际学校

根据听到的内容填表。 [3]

| 姓名 | 职业 | 出生地 | 在中文学校学汉语的时长 |
| --- | --- | --- | --- |
| 孙先生 | 市长 | 4. .................... | 5. .............................. |

| 姓名 | 职业 | 原住地 | 常用的线上社交方式 |
| --- | --- | --- | --- |
| 小张 | 6. .................... | 上海 | 微信、QQ 和脸书 |

回答下面的问题。

7. 良好的社交活动有什么好处？ [1]

..........................................................................................................

8. 中国的老一代人常采用什么方式社交？ [1]

..........................................................................................................

9. 加拿大人主要通过什么方式认识新朋友？ [1]

..........................................................................................................

10. 加拿大人大多喜欢选择一天中的哪个时段开展社交活动？ [1]

..........................................................................................................

# 主题四　社会组织

## 听力练习 27　社区 / 群体（普通课程）

**情境：台中市耀华高中 DP 二年级的学生黄永铭在全校集会上介绍 CAS 项目——到彩阳安老院做义工。**

27

根据听到的内容填表。 [4]

活动初期，黄永铭和同学发现陪老人聊天儿并不简单，他们遇到了好多挑战和难题。这些挑战和难题是什么？是由什么引起的？

| 挑战和难题 | 原因 |
| --- | --- |
| 1. ............................................ | 老人听力下降 |
| 他们听不懂老人在说什么 | 2. ............................................ |
| 3. ............................................ | 他们对老人们年轻时的时代和历史知之甚少 |
| 他们硬要聊天儿很尴尬 | 4. ............................................ |

5. 为了改进活动方案，黄永铭和同学做了什么？选出**三个**正确的答案。 [3]

☐ ☐ ☐

**A.** 关注伦理难题

**B.** 查询成功的案例

**C.** 调查老人的需求

**D.** 走访老人的家人

**6.** 选出**三个**正确的叙述。 [3]

☐ **A.** 苏老师提醒他们要关注活动中可能会出现的伦理难题。

☐ **B.** 人口老龄化是当今社会很重要的社会趋势和待解决的议题。

☐ **C.** 艺美组的同学有时候陪安老院的老人打乒乓球。

**D.** 这个活动黄永铭和同学们做了两年多。

**E.** 参与活动的同学觉得自己收获很多。

# 主题四　社会组织

## 听力练习 28　社区 / 群体（高级课程）

**情境：新西兰某学校的校报记者小李采访刚从柬埔寨暹粒做义工回来的高中生艾米。**

28

选择正确的答案。

**1.** 艾米的柬埔寨义工活动一共持续了 ..................。 [1]

☐ **A.** 十天
**B.** 十四天
**C.** 一周

**2.** 艾米是 .................. 晚上回来的。 [1]

☐ **A.** 上周五
**B.** 上周末
**C.** 上周六

**3.** 艾米和同学们在柬埔寨一起努力建造了 ..................。 [1]

☐ **A.** 一所小学
**B.** 一个剧场
**C.** 一间活动室

根据听到的内容填空。

**4.** IB课程的教育宗旨是要把学生培养成有爱心、..................、有责任心的人。 [1]

**5.** 在艾米做义工的学校，学生一天的生活费不到 .................. 美元。 [1]

**6.** 选出**五个**正确的叙述。 [5]

- [ ] 
- [ ] 
- [ ] 
- [ ] 
- [ ] 

**A.** 艾米做义工的小学位于市郊。

**B.** 当地的风俗是小孩子上学时都不穿鞋。

**C.** 很多当地学生不穿鞋上学是因为家长买不起鞋子。

**D.** 很多当地学生因为家长负担不起学费就不再去上学了。

**E.** 艾米有时和同学白天去市场品尝当地小吃。

**F.** 艾米有时和同学晚上去市场品尝当地小吃。

**G.** 艾米去参观了吴哥窟、皇家宫殿和博物馆。

**H.** 艾米去参观了吴哥窟，没有去皇家宫殿与博物馆。

**I.** 艾米的学校与国际儿童基金会合作近十年了。

**J.** 艾米的学校与国际儿童基金会合作已超过十年了。

# 主题四　社会组织

## 听力练习 29　教育（普通课程）

**情境：公益中心举办《中国留守儿童白皮书》报告发布会。** 29

选择正确的答案。

**1.**《中国留守儿童白皮书》从去年 .................. 开始策划。 [1]

☐
**A.** 一月
**B.** 七月
**C.** 十一月
**D.** 十月

**2.**《中国留守儿童白皮书》历时 .................. 完成。 [1]

☐
**A.** 三百余天
**B.** 不到三百天
**C.** 三个月
**D.** 三十二个星期

**3.**《中国留守儿童白皮书》收集样本总数达到 ..................。 [1]

☐
**A.** 17865 份
**B.** 15787 份
**C.** 16768 份
**D.** 15878 份

**4.**《中国留守儿童白皮书》覆盖 .................. 个省、直辖市、自治区。 [1]

☐

**A.** 21

**B.** 27

**C.** 28

**D.** 26

**5.**《中国留守儿童白皮书》指出，高达 .................. 的农村儿童没有父母监护。 [1]

☐

**A.** 83.5%

**B.** 90.6%

**C.** 92.6%

**D.** 90.2%

**6.**《中国留守儿童白皮书》指出，.................. 地区的完全留守儿童占 55.8%。 [1]

☐

**A.** 西南部

**B.** 中南部

**C.** 中西部

**D.** 中北部

根据听到的内容填空。

《中国留守儿童白皮书》指出，67.8% 的留守儿童有 **7.** .................. 明显退步的经历，明显高于非留守儿童，而其中缺乏 **8.** .................. 的留守儿童所占的比例最高。 [2]

《中国留守儿童白皮书》还指出留守儿童心灵状况的三个主要特点是：一、亲情淡薄，9.7% 的留守儿童对 **9.** .................... 漠不关心；二、完全留守状态的儿童遭受欺负的比例高达 58%，留守降低了孩子在人群中的地位，使其更弱势，更容易被挑选成为欺负的对象；三、留守男童比留守女童更脆弱，这和 **10.** .................... 的缺位不无关系。 [2]

# 主题四　社会组织

## 听力练习 30　教育（高级课程）

**情境：电台主持人小丽采访刘老师和王老师，讨论中西教育对比的话题。**

30

回答下面的问题。

**1.** 在线直播节目的名称是什么？ [1]

..........................................................................................

**2.** 刘老师在两年前去澳大利亚参加了什么项目？ [1]

..........................................................................................

**3.** 王老师有多少年的教学经验？ [1]

..........................................................................................

**4.** 刘老师回到中国后改变了教学方法，除了更多地提问启发以外，还有什么改变？ [1]

..........................................................................................

**5.** 刘老师认为作为一名教师应该怎样做才能提高教学质量？ [1]

..........................................................................................

根据听到的内容填空。

**6.** 王老师认为西方的教育注重给学生一些自主性的空间和时间，来培养学生自我发现、………………和自我反思的能力。 [1]

**7.** 王老师认为中式教育侧重于灌输，西式教育则偏重于………………。 [1]

**8.** 王老师的汉语课没有固定的课本，因为………………就是一本教科书。 [1]

**9.** 下一期节目的话题是………………。 [1]

# 主题四　社会组织

## 听力练习 31　职场（普通课程）

**情境：马来西亚某学校的职业日讲座上谈双语能力对职场生活的重要性。**

31

**1.** 选出**五个**正确的叙述。 [5]

- [ ] **A.** 林女士将近二十年前从这所学校毕业。
- [ ] **B.** 林女士现在是一名教师。
- [ ] **C.** 林女士现在在政府部门工作。
- [ ] **D.** 林女士关于双语能力和职场的调研持续了约半年。
- [ ] **E.** 林女士的调研采访了近千名大型公司高管。

**F.** 林女士的调研对象还包括近百名中小企业主。

**G.** 保守估计，双语职场人每月可以多赚四百美元。

**H.** 只要会说外语，就能获得更高薪酬。

根据听到的内容填空。

林女士会说 **2.** ..................、**3.** .................. 和中文三种语言。她当年在 DP 课程中学习了两门语言 A，她的 **4.** .................. 和 **5.** .................. 都得了 7 分。 [4]

# 主题四　社会组织

## 听力练习 32　职场（高级课程）

**情境：播客主持人小云采访近期归来的海归人士徐教授和黄老师。** 32

根据听到的内容填表。 [5]

| | 徐教授 | 黄老师 |
|---|---|---|
| 所在学校 | **1.** ................................ | 上海的一所中学 |
| 出国年代 | 80 年代末 | **2.** ................................ |
| 回国前住在 | **3.** ................................ | 英国 |
| 现在住在 | **4.** ................................ | 教师公寓 |
| 福利 | 安家费 | **5.** ................................ |

选择正确的答案。

**6.** 到 2016 年底，中国的海归人数已..................。 [1]

☐
**A.** 超过 265 万
**B.** 达到 270 万
**C.** 不到 265 万

7. .................. 徐教授了解到中国政府实施的“千人计划”。 [1]

☐ A. 2016 年
B. 1986 年
C. 2017 年

8. 黄老师认为，每一位 IB 学生都应该 ..................。 [1]

☐ A. 在中国的 IB 学校学习，毕业后成为地球村的村民
B. 学习新的知识与文化
C. 学知识、文化，并且再学一门外语

回答下面的问题。

9. 在上海，住房为什么是令人头痛的大问题？ [1]

..........................................................................................................

10. 黄老师的父母现在在哪里居住？ [1]

..........................................................................................................

# 主题五　共享地球

## 听力练习 33　环境（普通课程）

33

**情境：金海高中的同学在全国高中生环保科研展上发表得奖感言。他们的环保科研项目是远离"塑"命，收集塑料瓶来定制手机壳。**

**1.** 塑料垃圾造成哪些破坏？选出**四个**正确的答案。 [4]

☐ **A.** 破坏美丽风景
☐ **B.** 无法分解
☐ **C.** 影响海洋生态
☐ **D.** 危害海洋动物
**E.** 威胁人类健康

**2.** 实验中，同学们遇到了哪些挑战？选出**三个**正确的答案。 [3]

☐ **A.** 没有时间做实验
☐ **B.** 粉碎机不好用
☐ **C.** 制作不出好看的手机壳
**D.** 收集不到塑料瓶
**E.** 周围的人不理解

根据听到的内容填表。 [3]

在发言结尾，这位同学向不同的人和机构表达了感谢。

| **感谢的人和机构** | **感谢的原因** |
| --- | --- |
| 金海教育局 | **3.** ................................................ |
| 金海大学的实验室和老师 | 借实验器材，提供专业指导 |
| **4.** ................................................ | 提供建议和鼓励 |
| **5.** ................................................ | 给予安慰 |

# 主题五　共享地球

## 听力练习 34　环境（高级课程）

**情境：播客演播室播放中国的太阳能之父黄鸣先生的人物介绍。**

34

选择正确的答案。

**1.** 黄鸣先生拥有多少项国家专利？ [1]

☐ **A.** 不到五十项
**B.** 五十项
**C.** 五十多项

根据听到的内容填空。

**2.** 黄鸣先生被誉为“中国 .................. 人”。 [1]

回答下面的问题。

**3.** 中国太阳能之父黄鸣先生是中国什么议案的主要提案人？ [1]

..................................................................................................................

**4.** 黄鸣先生的成功秘诀是什么？写出其中**三项**。 [3]

(a) ......................................................................................................

(b) ......................................................................................................

(c) ......................................................................................................

根据听到的内容填表。 [4]

| 专利产品 | 功能 / 特点 |
| --- | --- |
| **5.** ........................................ | 有电源，可以取暖、保温 |
| **6.** ........................................ | 可折叠，可以照明、听收音机、供电 |
| **7.** ........................................ | 夏日可用来降温 |
| **8.** ........................................ | 有煎、烤功能，安全 |

# 主题五　共享地球

## 听力练习 35　人权与平等（普通课程）

**情境：香港中岛学校 DP 一年级学生顾佳宜在做 CAS 活动，为本校小学生开展如何在上网时保护个人隐私的讲座。**

35

**1.** 下列哪些属于你的个人隐私信息？选出**四个**正确的答案。 [4]

☐ ☐ ☐ ☐

**A.** 你的身高体重

**B.** 你妈妈的电邮地址

**C.** 网友的家庭住址

**D.** 你的网名

**E.** 你爸爸的工作单位

**F.** 你妈妈的银行卡密码

根据听到的内容填空。

上网时要“三思而后行”，不要轻易接受别人送给你的 **2.** ………………，果断拒绝陌生人加你好友给你发 **3.** ………………，不要随意打开陌生人发来的 **4.** ……………… 或者信息，也不要随意打开不明链接。 [3]

如果你想要跟网友见面，应该先告诉 **5.** ………………，和网友见面时也应该让他们在暗中 **6.** ……………… 你。 [2]

如果上网时，你感觉网上有令你害怕或者不知所措的事或人，你可以马上 **7.** ………………。 [1]

# 主题五　共享地球

## 听力练习 36　人权与平等（高级课程）

**情境：广东某 IB 学校 11 年级学生小美采访黄女士。**

36

选择正确的答案。

**1.** 小美称黄女士为“阿姨”是因为 ..................。 [1]

☐ **A.** 这是对长辈的尊称
**B.** 她们原本就是亲戚
**C.** 黄女士是小美妈妈的姐妹

**2.** 黄女士担任什么职位？ [1]

☐ **A.** 国际学校的领导
**B.** 社区领导
**C.** 社区妇联主席

回答下面的问题。

**3.** 黄女士说曾经出现过女子地位较高的状况。黄女士说的是什么社会？ [1]

..........................................................................................

4. 黄女士说，在古时候，“女性若是出生在贵族家庭，她们的言行仍要受到众多约束”。黄女士说的情况发生在哪里？ [1]

........................................................................................................

5. 黄女士说中国女性的地位已经有了很大的提高时提到了一位中国高层官员，该官员曾在中国政府担任什么职位？ [1]

........................................................................................................

6. 选出**五个**正确的叙述。 [5]

☐ ☐ ☐ ☐ ☐

**A.** 黄女士说中国妇女可以看到一半的天空。

**B.** 黄女士说中国女性能撑起半边天。

**C.** 在职场升迁等方面，女性有更多的机会。

**D.** 在职场升迁等方面，男性更有优势。

**E.** 在小美的学校，女教师比男教师多。

**F.** 在小美的学校，领导层大多是男教师。

**G.** 女性可以通过学习与教育把自己培养成为新时代的新女性，去改变不平等的状况。

**H.** 女性通过学习与教育来改变自己、改变历史，最终改变不平等的状况。

# 主题五　共享地球

## 听力练习 37　全球化（普通课程）

**情境：英欧电视台记者报道首趟中欧班列抵达伦敦的消息。** 37

**1.** 当天在火车站等待首趟中欧班列抵达的人有哪些？选出**三个**正确的答案。 [3]

☐ ☐ ☐

**A.** 中英商会代表
**B.** 欧洲商人
**C.** 记者
**D.** 英国当地人
**E.** 义乌商人

根据听到的内容填空。

中欧班列于 1 月 1 日从义乌始发，一共搭载了 34 节车厢，满载着 68 个标准集装箱的小商品，途径 **2.** .................. 个国家，并穿越英吉利海峡隧道，一路上换了 **3.** .................. 次车厢以适应不同国家的铁轨宽度，全程 12451 公里，历时 **4.** .................. 天，今日最终到达终点站伦敦。 [3]

5. 选出**四个**正确的叙述。 [4]

☐ A. 首趟中欧班列抵达伦敦那天的天气很好。
☐ B. 首趟中欧班列搭载了中国舞狮队来到伦敦。
☐ C. 首趟中欧班列跨越亚欧大陆。
☐ D. 义乌是全球最大的小商品集散地。
E. 近年来义乌对英国出口交易额增长迅速。
F. 火车运送所耗费的时间是空运的两倍以上。

# 主题五　共享地球

## 听力练习 38　全球化（高级课程）

**情境：某电视专题节目报道世界经济研讨会。** 38

选择正确的答案。

**1.** 世界经济研讨会在哪儿召开？ [1]

☐
**A.** 上海
**B.** 北京
**C.** 美国

**2.** Costco 超市何时在中国开第一家旗舰店？ [1]

☐
**A.** 80 年代末
**B.** 1991 年
**C.** 2019 年

三位教授提出了什么观点？在列表中选择正确的答案。

**A.** 全球化让消费者在购物的时候有更多的选择机会
**B.** 全球化将中国制造的商品推向了国际市场
**C.** 全球化让各国相互联系、促进
**D.** 全球化的国际学校有不同的教育理念

**3.** 著名经济学家白教授 ☐ [1]

**4.** 北大经济系吴教授 ☐ [1]

**5.** 社会学家林教授 ☐ [1]

**6.** 选出**五个**正确的叙述。 [5]

☐ ☐ ☐ ☐ ☐

**A.** 中国消费者只选择最贵、质量最好的商品。
**B.** 全球化使人们能够方便地购买来自世界各地的商品。
**C.** 在中国，人们可以买到来自外国的时令水果。
**D.** 全球化的国际学校有不同的教育理念，关注的是学校教育、全球高等教育等。
**E.** 全球 IB 学校各自运用自定的大纲，参加全球统考。
**F.** 全球 IB 学校使用统一大纲，参加全球统考。
**G.** 国际化的学校让学生有机会选择不同的学校，这对学生是有利的。

# 主题五　共享地球

## 听力练习 39　城市环境与乡村环境（普通课程）

**情境：杭州某电台节目采访一位叫雷海为的外卖小哥。雷海为是《中国诗词大会》的冠军。** 39

1. 雷海为在深圳和上海的时候，从事过哪些工作？选出**三个**正确的答案。 [3]

☐ A. 洗车工
☐ B. 餐厅服务员
☐ C. 老师
D. 诗人
E. 推销员

回答下面的问题。

2. 雷海为说自己到杭州生活与古诗词有很大的关系，为什么？ [1]

……………………………………………………………………………………

3. 在开始送外卖之前，雷海为做过几年快递员的工作？ [1]

……………………………………………………………………………………

4. 雷海为后来为什么改送外卖了？ [1]

……………………………………………………………………………………

**5.** 选出**四个**正确的叙述。 [4]

☐ ☐ ☐ ☐

**A.** 雷海为是“零零后”。

**B.** 雷海为没上过大学。

**C.** 雷海为每天不吃午饭。

**D.** 雷海为每天工作差不多十个小时。

**E.** 雷海为只在中午午休的时候看书、背诗词。

**F.** 雷海为觉得将来岁数大了就不能送外卖了。

**G.** 雷海为希望将来从事和古诗词相关的工作。

# 主题五　共享地球

## 听力练习 40　城市环境与乡村环境（高级课程）

**情境：电台主播小天在节目中朗读自己最新创作的随笔《我对城市与乡村的感悟》。**

40

**1.** 选出**三个**正确的叙述。 [3]

☐ **A.** 作者昨天晚上回到了出生地——上海郊区青浦县。
☐ **B.** 作者在梦中梦到了出生地——上海郊区青浦县。
☐ **C.** 古镇把这个地区分为城市与乡村。
**D.** 一条小河把这个地区分为城市与乡村。
**E.** 古镇内有个露天电影院。

回答下面的问题。

**2.** 作者用了一个短语来表示“写作”，请写出这个短语。（答案少于四个字） [1]

......................................................................

**3.** 作者现在的家中除了金鱼以外，还有哪些宠物？ [1]

......................................................................

**4.** 作者在国外生活了多少年？ [1]

......................................................................

**5.** 文章中有一个短语说明了作者的年龄段，请写出这个短语。 [1]

..........................................................................................

**6.** 作者两次提到一部电影，请写出电影的名字。 [1]

..........................................................................................

**7.** 作者引用了电影中的经典台词："被围困的城堡，城外的人想冲进去，城里的人想逃出来"。她认为这句话也适用于什么人？ [1]

..........................................................................................

**8.** 作者说现在居住的城市与中国的乡村很相似，她认为哪个方面相似？ [1]

..........................................................................................

# 第三部分　听力模拟试题

- 普通课程模拟试题一
- 普通课程模拟试题二
- 高级课程模拟试题一
- 高级课程模拟试题二

# 普通课程模拟试题一

## 文章一

**情境：某电视台采访在中国读大学的外国留学生鲁斯兰。**

选择正确的答案。

**1.** Rh 阴性血被人们称为“熊猫血”是因为 ..................。 [1]

☐

**A.** 这种血型很少见

**B.** 没有人有这种血型

**C.** 这种血型不好

**2.** 鲁斯兰刚到中国留学时不太习惯，主要是因为 .................. 和 .................. 两个方面。 [1]

☐

**A.** 饮食　语言

**B.** 饮食　天气

**C.** 语言　天气

3. 鲁斯兰第一次献血是在 ..................。 [1]

☐ A. 2008 年
B. 2009 年
C. 2010 年

4. 鲁斯兰和妻子现在生活在 ..................。鲁斯兰来自 ..................，他的妻子来自 ..................。 [1]

☐ A. 北京　海南　　　　哈萨克斯坦
B. 北京　哈萨克斯坦　蒙古
C. 海南　俄罗斯　　　蒙古

5. 鲁斯兰希望他的女儿将来至少能讲 .................. 种语言。 [1]

☐ A. 3
B. 4
C. 5

## 文章二

**情境：新加坡星岛卫视报道关于社区邻里建设的话题。**

选择正确的答案。

6. 据调查，新加坡目前有 .................. 的人不知道邻居的名字，.................. 的人没有邻居的电话号码或者其他联系方式，.................. 的人即便长时间不见邻居出门也不会探听对方是否出事。 [1]

☐ A. 53%　71%　79%
B. 52%　71%　49%
C. 52%　73%　49%

7. 社区居民步行 .................. 便可享受到邻里中心的“一站式”服务。[1]

☐ A. 10 分钟以内
B. 最多 15 分钟
C. 20 分钟左右

8. 选出**五个**正确的叙述。 [5]

☐ A. 在邻里中心，人们可以就餐。
☐ B. 在邻里中心，人们可以买菜。
☐ C. 在邻里中心，人们可以看电影。
☐ D. 在邻里中心，人们可以看病。
☐ E. 在邻里中心，人们可以剪头发。
F. 在邻里中心，人们可以买药。
G. 在邻里中心，人们可以托管幼儿。

**9.** 文中提到的社区青年志愿者都会从事什么志愿活动？选出**三个**正确的答案。 [3]

☐ ☐ ☐

**A.** 清洁社区，宣传垃圾分类

**B.** 帮助社区有需要的孩子补习功课

**C.** 做义卖来积累社区活动资金

**D.** 照顾孤寡老人

**E.** 帮助新移民

## 文章三

**情境：电视台报道三亚市海京中学女子冰壶 (Curling) 队近期在国际比赛中获得奖杯的消息。**

根据听到的内容填表。 [5]

| | 方冰玉 | 马小雪 |
|---|---|---|
| 年龄 | **10.** ........................... | 十一岁半 |
| 原籍 | 沈阳 | **11.** ........................... |
| 几岁开始练习冰壶 | 六岁 | **12.** ........................... |
| 为什么开始练习冰壶 | **13.** ........................... | **14.** ........................... |

根据听到的内容完成句子。

A. 在全国联赛中五胜一负。
B. 想去北京看冬奥会冰壶比赛。
C. 由全国最好的运动员组成。
D. 参加过冬奥会。
E. 接连两次输给韩国队。
F. 认为奖牌来之不易。
G. 只输了一场比赛。

15. 海京中学女子冰壶队…… ☐ [1]

16. 俄罗斯国家少年队…… ☐ [1]

17. 中国女子冰壶国家队…… ☐ [1]

18. 海京中学女子冰壶队的队员…… ☐ [1]

19. 海京中学女子冰壶队的带队老师…… ☐ [1]

# 普通课程模拟试题二

## 文章一

**情境：台北市耀华高中的 DP 一年级学生陆德安通过学校电台招募大熊猫保护基地的志愿者。**

选择正确的答案。

1. 在大熊猫保护基地的志愿活动将持续 ..................。 [1]

☐ A. 两周
B. 三周
C. 一个月

2. 志愿活动不包括 ..................。 [1]

☐ A. 助教
B. 旅游
C. 导游

**3.** 选出**三个**正确的叙述。 [3]

☐ ☐ ☐

**A.** 志愿者人数不限。

**B.** 志愿活动可作为 CAS 活动的一部分。

**C.** 志愿活动没有带队老师。

**D.** 活动期间，志愿者可以更换工作的内容。

**E.** 感兴趣的同学要在收听招募广告之后马上报名。

**F.** 感兴趣的同学可以打电话报名。

## 文章二

**情境：电视节目采访汤姆。汤姆是中国美食在线直播频道的主持人。**

根据听到的内容填表。 [6]

| | 汤姆 |
|---|---|
| 来自城市 | **4.** .................................... |
| 在线直播频道的名称 | **5.** .................................... |
| 已制作节目的集数 | **6.** .................................... |
| 最多粉丝在线人数 | **7.** .................................... |
| 订阅节目的人数 | **8.** .................................... |
| 大多数粉丝来自 | **9.** .................................... |

选择正确的答案。

**10.** 粉丝爱丽丝为什么十分感谢汤姆？ [1]

☐

**A.** 她可以自己做中国菜了

**B.** 她可以去看网络直播了

**C.** 汤姆人很好

**11.** 粉丝爱丽丝现在会做什么中国菜？ [1]

☐

**A.** 炒猪肉

**B.** 宫保鸡丁

**C.** 红烧鱼

**12.** 中国留学生唐晓芸跟着汤姆学会了做什么中国菜？ [1]

☐

**A.** 炒牛肉

**B.** 宫保鸡丁

**C.** 西红柿炒鸡蛋

**13.** 中国留学生唐晓芸为什么觉得跟着汤姆学做菜特别有趣？ [1]

☐

**A.** 可以一边看视频一边打字

**B.** 可以一边看直播一边做饭

**C.** 可以一边学做菜一边问问题

## 文章三

**情境：某电台财经频道报道人工智能时代的职业。**

选择正确的答案。

**14.** 自助点餐机可以 ..................。 [1]

☐ A. 向顾客推荐食物
B. 帮助顾客点餐
C. 帮助顾客取餐

**15.** 根据该报道，截止到 2018 年底，美国一家有名的快餐连锁店中有 .................. 的人类收银员被自助点餐机取代。 [1]

☐ A. 多达四分之三
B. 二分之一
C. 超过九成

**16.** 大学研究员预计未来美国 .................. 的就业岗位、印度 .................. 的岗位、.................. 四分之三的工作都有可能被人工智能取代。 [1]

☐ A. 几乎一半　三分之一　英国
B. 超出一半　三分之二　中国
C. 几乎一半　三分之二　中国

**17.** 智能无轨电车的造价只是有轨电车的 ..................。 [1]

☐ **A.** 25%

**B.** 20%

**C.** 80%

**18.** 专家指出大多数有可能被取代的工作具有什么特点？选出**三个**正确的答案。 [3]

☐ ☐ ☐

**A.** 内容单一

**B.** 与人互动

**C.** 重复率高

**D.** 创新性低

**E.** 创新性高

**19.** 下列工作哪些不易被人工智能取代？选出**三个**正确的答案。 [3]

☐ ☐ ☐

**A.** 园丁

**B.** 老师

**C.** 程序员

**D.** 会计

**E.** 高管

# 高级课程模拟试题一

## 文章一

**情境：澳洲华人电视台记者玛丽在新闻报道中采访本地华人。**

选择正确的答案。

**1.** 截至 2017 年底，在澳居住的华人有 ..................。 [1]

☐

**A.** 12100 人

**B.** 121000 人

**C.** 1210000 人

**2.** 排名第一位的职业是 ..................。 [1]

☐

**A.** 教师

**B.** 会计师

**C.** 药剂师

3. 旧时的唐人街有小商铺、小茶馆，现在有不少 ..................。 [1]

☐ A. 西餐厅
B. 东南亚餐馆
C. 酒吧

4. 王小姐来到国外后在 .................. 工作。 [1]

☐ A. 银行
B. 大学
C. 唐人街的中餐馆

5. 王小姐获得了 ..................。 [1]

☐ A. 语言学校毕业证
B. 经济学学士学位
C. 经济学硕士学位

## 文章二

**情境：汉语班的学生在课上看了一部讲述中国人生活方式的纪录片之后，两位学生讨论相关的话题。**

**6.** 下列观点哪些是小白的？选出**两个**正确的答案。 [2]

☐ A. 中国人越来越西化了

☐ B. 传统生活方式的改变会给国家的发展带来负面影响

C. 中国人只有穿洋装才能体现出独立性

D. 现代中国年轻人的服饰与传统的服饰不同了

**7.** 下列观点哪些是兰兰的？选出**两个**正确的答案。 [2]

☐ A. 旗袍可以体现刚毅之美

☐ B. 中山装可以体现刚毅之美

C. 传统的服饰中含有不同的个性

D. 中国传统文化意识在现代中国人心目中淡了

根据听到的内容填空。

**8.** 在 ..................、喜庆之日，中国人会穿上传统服装。 [1]

**9.** 在日本的庙宇或者 .................. 上可以看到日本人穿和服。 [1]

**10.** 在中国举办 .................. 会议期间，改良的中式服装作为礼物送给外宾。 [1]

**11.** 在北京、..................、广州等城市，人们都穿不同款式的衣服。 [1]

**12.** 不管是 ..................，还是中老年人，都喜欢穿不同款式的衣服。 [1]

**13.** 兰兰希望在 .................. 的今天能看到保留传统文化的中国。 [1]

## 文章三

**情境："我"去了一家维吾尔族工艺品店，收到了一份特别的中秋礼物。**

选择正确的答案。

**14.**"我"是怎么得到这个镶有金色叶子的漂亮手袋的？ [1]

☐ **A.** 在新疆买的
**B.** 在北京工艺美术品商店买的
**C.** 店主送的

**15.**"我"是在哪一天去阿里木的商店的？ [1]

☐ **A.** 半年前的一天
**B.** 中秋节那天
**C.** 六十年前的一天

回答下面的问题。

**16.** 通过这次购物经历，"我"有生以来第一次： [2]

(a) ..........................................................................................

(b) ..........................................................................................

**17.** 除了家庭背景和传统工艺，“我”在店里与店主阿里木还聊了哪些内容？ [2]

(a) ……………………………………………………………………………………

(b) ……………………………………………………………………………………

**18.** 最后，“我”在这家小店买了些什么？ [2]

(a) ……………………………………………………………………………………

(b) ……………………………………………………………………………………

**19.** “我”一共收到店主多少件礼物？ [1]

……………………………………………………………………………………

**20.** 店主阿里木是怎样的一个人？ [2]

(a) ……………………………………………………………………………………

(b) ……………………………………………………………………………………

# 高级课程模拟试题二

## 文章一

**情境：某电视节目主持人采访上海沪江汽车有限公司的经理马克。**

根据听到的内容填空。

**1.** 马克近期建立了上海 .................. 电动汽车厂。 [1]

**2.** 马克当初设计生产全电动汽车的灵感来自 ..................。 [1]

选择正确的答案。

**3.** 马克在自己本国的工厂是怎么完成汽车制造的？ [1]

☐

**A.** 他雇了 150 个机器人

**B.** 他雇佣了 150 个工人

**C.** 他请了 75 个工人和 75 个机器人

4. 马克在上海建立的这家汽车厂有什么特点？ [1]

☐ A. 马克要雇 50% 的当地人和 50% 的机器人
B. 汽车制造的四个步骤全部由机器人完成
C. 先关闭自己本国的工厂，再到中国来开厂

5. 为什么主持人说马克是位汉学家？ [1]

☐ A. 因为他会说两种语言
B. 因为他知道马到成功的典故
C. 因为他一直住在北京，有在中国生活的经历

## 文章二

**情境：社区报记者小何采访在中国生活多年的外籍网店店主天天。** 

选择正确的答案。

6. 哪一句话能显示出天天练就了一身网店中文客服的技能？ [1]

☐ A.“亲，我在呢！”
B.“有什么能帮您？”
C.“有什么特殊意义？”

7. 天天在中国生活了多长时间？ [1]

☐ A. 1 年
B. 14 岁开始一直到现在
C. 5 年

8. “天天”这个名字是谁给网店老板起的？ [1]

☐ A. 天天的父母
B. 天天的第一位汉语老师
C. 天天的中国朋友

9. 天天是从什么时候开始学汉语的？ [1]

☐ A. 14 年前
B. 14 岁时
C. 5 年前

10. 天天认为在中国创业需要什么条件？ [1]

☐ A. 春节的礼品
B. 上海的月饼
C. 有创意，有行动

11. 在天天的客户中，有多少来自美国与东欧国家？ [1]

☐ A. 5%
B. 50%
C. 50 个

**12.** 天天写博客、开网店的另一个目的是？ [1]

☐ **A.** 记录亲朋好友生活的点点滴滴
**B.** 传播中国文化，消除外国人对中国人的偏见
**C.** 记录在世界各地旅行的趣闻

回答下面的问题。

**13.** 中国人常说“学好数理化，走遍天下都不怕”，现今在国外流行的信条是什么？ [1]

..............................................................................................................

**14.** 为什么天天被称为“老外”时不感到生气？ [1]

..............................................................................................................

**15.** 天天的网店叫什么名字？ [1]

..............................................................................................................

## 文章三

**情境：12 年级汉语班的学生艾美丽针对英国政府近日正式颁布的征收糖税这一新规，在市区某超市门口对当地华人做了一个采访。**

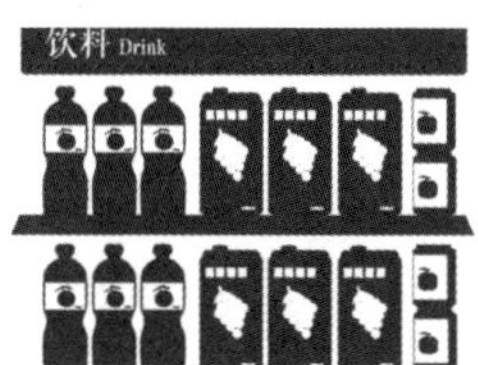


根据听到的内容填表。 [4]

| | 职业 | 移居年数 |
|---|---|---|
| 徐女士 | **16.** ………… | **17.** ………… |
| 王先生 | **18.** ………… | **19.** ………… |

选择正确的答案。

**20.** 对于政府征收糖税，徐女士的观点是…………。 [1]

☐
**A.** 同意
**B.** 不同意
**C.** 担心涨价

**21.** 对于政府征收糖税，王先生的观点是…………。 [1]

☐
**A.** 不同意
**B.** 同意
**C.** 担心涨价

**22.** 采访中提到欧洲一些国家已经实施了糖税制度，例如 ..................。 [1]

☐ **A.** 英国

**B.** 法国

**C.** 德国

**23.** 选出**三个**正确的叙述。 [3]

☐ **A.** 政府在 2016 年宣布了糖税计划。

☐ **B.** 糖税现在每年为政府增加五亿多英镑的税收。

☐ **C.** 政府会将糖税收入拨给学校。

**D.** 政府会将 2.4 亿英镑的糖税收入用于超市和社区建设。

**E.** 应该在媒体和学校多做宣传教育以减少肥胖症。

# 附录　参考答案及录音文本

- 附录一　　参考答案
- 附录二　　录音文本

# 附录一　参考答案

## 听力练习 1
## 生活方式（普通课程）

1. B
2. B
3. A
4. C
5. A
6. A
7. B、C、D、F（任何次序皆可）

## 听力练习 2
## 生活方式（高级课程）

1. 游学
2. （任何次序皆可）
   (a) 黄浦江
   (b) 苏州河
3. 6340
4. 春秋两季凉爽／春秋两季凉快（两个答案都可以，只写“夏季太热”或只写“冬季太冷”不得分）
5. B、D、F、G、H（任何次序皆可）

## 听力练习 3
## 健康和幸福（普通课程）

1. A、B、D、E、H（任何次序皆可）
2. 黄曼丽
3. 李先生
4. 陈阿婆
5. 李先生
6. 黄曼丽

## 听力练习 4
## 健康和幸福（高级课程）

1. 沙拉与汤（只写“汤”或只写“沙拉”不得分）
2. 中国餐馆／中国饭店／中国饭馆（三个答案都可以）
3. B、E（任何次序皆可）
4. 蛋白质
5. 纤维
6. 蛋白质
7. B、C、E（任何次序皆可）

## 听力练习 5
## 信念和价值观（普通课程）

1. A
2. A
3. B
4. B
5. B
6. A、B、D、E、G（任何次序皆可）

## 听力练习 6
## 信念和价值观（高级课程）

1–2. 银行、私人借贷公司（任何次序皆可）
3. 带来满足感（类似答案可接受）
4. 要能收发邮件（类似答案可接受）
5. 提升社会地位（类似答案可接受）
6. 让人获得尊重（类似答案可接受）
7. 性价比最重要（类似答案可接受）
8. 每个人都有自己的价值观（类似答案可接受）
9. 国产手机质量好（类似答案可接受）
10. 以中立的视角看待不同的文化，相互理解，相互包容（类似答案可接受）

## 听力练习 7
## 语言与身份认同（普通课程）

1. C
2. A
3. A
4. B
5. A
6. A、C、D、E、F（任何次序皆可）

## 听力练习 8
## 语言与身份认同（高级课程）

1.
   (a)《初心》
   (b)《追梦》
   (c)《梦回故里》
2. 无法用中文来写作
3. 父母中英文掺杂着与他交流，他都用英文来回应
4. C
5. A
6. A、D、G（任何次序皆可）

## 听力练习 9
## 休闲活动（普通课程）

1. B
2. D
3. A
4. B

5. C
6. D
7. A、B、E、F（任何次序皆可）

## 听力练习 10
## 休闲活动（高级课程）

1. C
2. C
3. （类似答案可接受，任何次序皆可）
   (a) 与亲朋好友喝茶、聚会吃饭
   (b) 参加家庭活动
4. （类似答案可接受，任何次序皆可）
   (a) 改善身心健康／增强人际关系（两个答案都可以）
   (b) 缩短与家人的距离／加强家庭中的亲情与关爱／让家人的关系更为亲密无间／使全家人的生活更为多姿多彩（四个答案都可以）
5. H
6. E
7. A
8. D

## 听力练习 11
## 假日和旅行（普通课程）

1. （任何次序皆可）
   (a) 团队游
   (b) 自由行
2. 没去过西安／是学生，想省点儿钱／想有时间自由活动（任选两项，任何次序皆可）
3. 西线
4. 南线
5. 华山
6. 陕西博物馆
7. A、E（任何次序皆可）

## 听力练习 12
## 假日和旅行（高级课程）

1. 错，张老师刚从中国旅行回来
2. 错，玛丽采访了张老师
3. 错，玛丽在学汉语，玛丽说她要更努力地学汉语
4. 哪里，哪里（只写一个“哪里”不得分）
5. （类似答案可接受，任何次序皆可）
   (a) 有比较广的知识面
   (b) 对世界要有良好的认知和深刻的思考
6. B、C、D、F（任何次序皆可）

## 听力练习 13
## 生活故事（普通课程）

1. C
2. C
3. A

4. C、E、F（任何次序皆可）
5. A、B、D、E（任何次序皆可）

## 听力练习 14
## 生活故事（高级课程）

1. 泥壶大肚子小口径
2. 作者觉得泥壶适合给女儿玩儿过家家这种游戏
3. D
4. C
5. D
6. B
7. F
8. C

## 听力练习 15
## 风俗与传统（普通课程）

1. 歌舞表演／乐器演奏／川剧变脸／武术／魔术（任选两项，任何次序皆可）
2. D
3. G
4. E
5. B
6. H
7. C
8. I

## 听力练习 16
## 风俗与传统（高级课程）

1. 舞龙舞狮表演
2. 
   (a) 西安
   (b) 40 年
   (c) 老家院子里的柿子树／枣树（两个答案都可以）
3. 回中国养老
4. 减轻儿女负担／可以时常见到儿孙／一日三餐有中餐供应／养老院在华人社区内（任选一项）
5. A、B、D、G（任何次序皆可）

## 听力练习 17
## 娱乐（普通课程）

1. （任何次序皆可）
   (a) 英文
   (b) 法文
   (c) 西班牙文
2. （任何次序皆可）
   (a) 节奏感不强
   (b) 听不懂唱了什么
3. B、C、D、G、H（任何次序皆可）

## 听力练习 18
## 娱乐（高级课程）

1. B、D、E、H（任何次序皆可）

2. 呆萌
3. 购买青蛙旅行时所需要的食物和物品
4. （任何次序皆可）
   (a) 明信片
   (b) 纪念品
5. 亲娃
6. 内心孤独的表现

## 听力练习 19
## 交流与媒体（普通课程）

1. B
2. C
3. C
4. A
5. 德国人
6. 北京
7. 上海
8. 2016 年 3 月（只写年份或只写月份不得分）
9. 外国人和中国美食
10. 3 万多

## 听力练习 20
## 交流与媒体（高级课程）

1. 校报记者
2. 英文
3. 中文
4. 什么风把你吹来了
5. 时尚感 / 前卫 / 潮流（三个答案都可以）
6. 微信红包（只写“微信”或只写“红包”不得分）
7. 七大姑八大姨（只写“七大姑”或只写“八大姨”不得分）
8. 英文 OUT
9. 与这里的同学或朋友联系时
10. 中国城

## 听力练习 21
## 技术（普通课程）

1. A、B、D、E（任何次序皆可）
2. 吃饭点外卖（只写“吃饭”不得分）
3. 出门打车（只写“出门”不得分）
4. 搜索信息
5. 与朋友和家人联系
6. C
7. B

## 听力练习 22
## 技术（高级课程）

1. 科技
2. 微信
3. B
4. A
5. C
6. B、E、F、G、H（任何次序皆可）

## 听力练习 23
### 科学创新（普通课程）

1. 2018
2. 4
3. 五十
4. 机器人
5. 韩国
6. B、D、E、F、G（任何次序皆可）

## 听力练习 24
### 科学创新（高级课程）

1. B
2. A
3. C
4. 零售业
5. 购物篮
6. 支付宝
7. 支持多人同时点餐／记住客人的口味与喜好（两个答案都可以）
8. 十万家
9. 不大用智能手机的人
10. 无人酒店

## 听力练习 25
### 社会关系（普通课程）

1. A、D、F、G、H（任何次序皆可）
2. 71
3. 78
4. 77
5. B
6. C

## 听力练习 26
### 社会关系（高级课程）

1. B
2. C
3. A
4. 加拿大
5. 八年
6. 学生
7. 保持身心健康／富有活力（两个答案都可以）
8. 串门儿
9. 午餐会／派对／主题交流活动（三个答案都可以）
10. 午餐时间

## 听力练习 27
### 社区／群体（普通课程）

1. 老人听不清他们说了什么（类似答案可接受）
2. 老人说话时有乡音（类似答案可接受）
3. 他们搭不上话（类似答案可接受）
4. 有些老人不大爱说话（类似答案可接受）
5. B、C、D（任何次序皆可）

6. A、B、E（任何次序皆可）

## 听力练习 28
## 社区 / 群体（高级课程）

1. B
2. A
3. C
4. 有同情心
5. 1
6. C、D、F、G、I（任何次序皆可）

## 听力练习 29
## 教育（普通课程）

1. B
2. A
3. D
4. A
5. C
6. C
7. 学习成绩
8. 母亲关爱
9. 父母的生死
10. 父亲

## 听力练习 30
## 教育（高级课程）

1. 中西教育观
2. 中西教育交流项目
3. 十五年
4. 融入更多互动环节
5. 反思
6. 自我思考
7. 启发
8. 生活（本身）
9. 教学小妙招

## 听力练习 31
## 职场（普通课程）

1. A、C、D、E、G（任何次序皆可）

2-3. 英语、马来语（任何次序皆可）

4-5. 中文 A、英文 A（任何次序皆可）

## 听力练习 32
## 职场（高级课程）

1. 上海的一所大学
2. 80 年代末
3. 美国
4. 上海的创业公寓（只写“上海”不得分）
5. 海外搬迁费 / 两张往返中英的飞机票（两个答案都可以，只写“机票”不得分）
6. A
7. C
8. C
9. 上海是中国的一线城市
10. 英国

## 听力练习 33
## 环境（普通课程）

1. A、C、D、E（任何次序皆可）
2. B、C、E（任何次序皆可）
3. 提供经费
4. 金海高中的老师
5. 爸爸妈妈

## 听力练习 34
## 环境（高级课程）

1. C
2. 太阳能产业化第一（没写“第一”不得分）
3.《可再生能源法》
4. 坚持／执着／勇于创新／为人坦荡／脚踏实地（任选三项，任意次序皆可）
5. 太阳能帐篷（只写“帐篷”不得分）
6.（可折叠式）太阳能灯（只写“灯”不得分）
7. 太阳能风扇帽（只写“风扇帽”不得分）
8. 太阳能炊具（只写“炊具”不得分）

## 听力练习 35
## 人权与平等（普通课程）

1. A、B、E、F（任何次序皆可）
2. 免费礼物
3. 红包
4. 邮件
5. 父母
6. 保护
7. 关掉网页

## 听力练习 36
## 人权与平等（高级课程）

1. A
2. C
3. 原始母系社会
4. 欧洲
5. 国务院副总理
6. B、D、E、F、G（任何次序皆可）

## 听力练习 37
## 全球化（普通课程）

1. A、C、D（任何次序皆可）
2. 7
3. 3
4. 18
5. A、C、D、E（任何次序皆可）

## 听力练习 38
## 全球化（高级课程）

1. B
2. C
3. C
4. B

5. A

6. B、C、D、F、G（任何次序皆可）

## 听力练习 39
## 城市环境与乡村环境（普通课程）

1. A、B、E（任何次序皆可）
2. 古诗词里描写杭州的特别多，所以一直对杭州很向往（类似答案可接受）
3. 四年
4. 外卖挣得更多
5. B、D、F、G（任何次序皆可）

## 听力练习 40
## 城市环境与乡村环境（高级课程）

1. B、D、E（任何次序皆可）
2. 爬格子
3. 狗和猫（只写“狗”或只写“猫”不得分）
4. 三十年
5. 人到中年
6. 《围城》
7. （快节奏时代的）乡村人和城市人
8. 自然生态环境

## 普通课程模拟试题一

**文章一**

1. A
2. B
3. B
4. B
5. C

**文章二**

6. C
7. B
8. A、B、E、F、G（任何次序皆可）
9. A、D、E（任何次序皆可）

**文章三**

10.十三岁

11.三亚

12.五岁

13.看到中国女子冰壶国家队在冬奥会上的比赛（类似答案可接受）

14.看见别人练习冰壶，觉得很酷（类似答案可接受）

15.G

16.C

17.D

18.B

19.F

## 普通课程模拟试题二

**文章一**

1. A
2. B
3. B、D、F（任何次序皆可）

**文章二**

4. 伦敦

5. 十分钟学做中国菜
6. 25 期
7. 569 人
8. 六万多人
9. 英国
10.A
11.B
12.C
13.C

**文章三**

14.B
15.A
16.C
17.B
18.A、C、D（任何次序皆可）
19.B、C、E（任何次序皆可）

## 高级课程模拟试题一

**文章一**

1. C
2. B
3. B
4. A
5. C

**文章二**

6. A、D（任何次序皆可）
7. B、D（任何次序皆可）
8. 传统的节假日（没写“传统”不得分）
9. 婚礼
10.亚太经合组织
11.上海
12.年轻人
13.二十一世纪

**文章三**

14.C
15.B
16.（任何次序皆可）
(a) 在陌生人面前流泪
(b) 主动拥抱陌生人
17.（任何次序皆可）
(a) 社会经济
(b) 民风俗事
18.（任何次序皆可）
(a) 羊皮包
(b) 羊毛围巾
19.两件
20.（类似答案可接受，任何次序皆可）
(a) 真诚
(b) 顾家／对家庭负责

## 高级课程模拟试题二

**文章一**

1. 第一家
2. 他的太太／他的妻子／中国太太（三个答案都可以）
3. A
4. A

5. B

**文章二**

6. A

7. C

8. B

9. B

10.C

11.B

12.B

13.学好汉语，不怕失业

14.中国人没有歧视或恶意／仅仅是一种调侃（两个答案都可以）

15.老外天天店

**文章三**

16.退休

17.近二十年

18.老师

19.八年

20.A

21.C

22.B

23.A、C、E（任何次序皆可）

# 附录二　录音文本

## 听力练习 1　生活方式（普通课程）

**TRANSCRIPT**

*情境：一个教汉语的播客在节目中介绍中国年轻人的生活方式。*

根据一项关于中国年轻人生活方式的调查，现在的年轻人，比如 90 后，有着和长辈不太一样的生活方式。他们不仅生活节奏更快，而且更习惯用手机和电脑。下面我们来听听两个来自中国的年轻人介绍他们的生活。

**小李**：我叫李婷婷，来自西安，今年二十一岁，为了省钱，现在还住在父母家。我每天都很忙。早上不到七点我就要起床去上班，到晚上七八点钟才回家，有时候加班到晚上九十点钟才下班。而我的父母虽然还没退休，但是一般下午五六点钟就下班回家了。因为特别忙，我没有时间逛商场，所以一般都在网上买东西。不管是衣服还是鞋子，在网上买又便宜又方便，几天就快递送到家了。而我的长辈们，比如我的父母或者叔伯阿姨，从不在网上买东西。因为他们觉得网购便宜是便宜，但是质量让人信不过，而且东西太多，容易挑花眼。

**大张**：我叫张思聪，今年二十一岁。我是广东人，现在住在北京。我在北京读大学，今年上大三。我也喜欢网络购物，我还用手机做很多事情，比如看书、打游戏、看视频和交朋友。我爸妈不怎么用手机，也很少上网。除了学习，我还参加很多义工活动，所以我总是很忙。而我的爸爸妈妈在老家早就退休了，生活节奏很慢，每天不是逛逛公园，就是到菜场买买菜。我可没时间逛公园，吃饭我都是在手机上叫外卖。我喜欢叫外卖，什么食物都有，不到半个小时就送到宿舍了，十分方便。

## 听力练习 2　生活方式（高级课程）

**TRANSCRIPT**

*情境：学生小南在汉语俱乐部的活动中介绍上海这座城市。*

各位同学：

大家好！

我是汉语班的小南。我上周刚从上海游学回来。今天很高兴向大家介绍一下上海这座繁华的城市。上海位于长江的入海口，黄浦江与苏州河贯穿整个城市，城市占地面积约 6340 平方公里，共辖 16 个市辖区。

上海为亚热带季风气候。夏季湿润炎热，气温高达 38 度。冬季寒冷潮湿，最低气温只有零下 5 度，不常下雪。春秋两季虽然短暂，但气候清爽怡人，是旅游的最佳季节。

1292 年上海县设立。1844 年，世界各地的商人、冒险家蜂拥而至。外国和中国的知名建筑师在外滩建造出有“万国建筑博览群”美誉的外滩建筑群。外滩，现已成为上海著名地标之一，每天吸引着来自世界各地的游客到此参观游览。傍晚，当我漫步在外滩的街头，会有时光穿越的感觉，如同置身于古老的上海。

当地人告诉我，自 1978 年中国改革开放以来，上海就步入了快速发展的轨道，城市发展一片欣欣向荣，短短的几十年，一座新兴的全球化超级大都市就应运而生。现有数不清的摩天大楼矗立在此，中国十大最高建筑中有两座傲然屹立于上海。它们是上海中心大厦和上海环球金融中心。

今日，上海是中国蓬勃发展的经济中心和金融之都，上海市有大型跨国企业、金融机构及地区总部数百家。上海总人口目前已突破 2400 万，可以说是人才济济。2016 年的统计数据显示，在上海常住的境外人士已经接近 18 万，给这座城市带来了一种充满活力的国际大都会的氛围。

上海特有的东西方文化融合的历史促成了其“海派文化”的形成，海纳百川，具有开放性。上海的平均英文水平居全国之首。在众多公共场合，我都能轻松地找到会说英文的当地人，他们往往都乐于帮忙。上海这座具有悠久历史，又充满时代感的美丽城市，吸引着来自全球各地的人来感受、欣赏其迷人的风采。

我的介绍就到这里。感谢同学们的聆听，我希望明年有更多的同学报名参加上海的游学活动。谢谢大家。

## 听力练习 3　健康和幸福（普通课程）

**TRANSCRIPT**

*情境：2018 年 8 月，新加坡一个电视节目播放关于共享单车的新闻报道。*

2017 年初，共享单车在新加坡开始投入使用。投入之初，不少居民十分支持这一绿色环保的新型交通方式。他们认为尽管新加坡的公共交通体系比较完善，但是很多地方仍然存在着“最后一公里”交通问题。多家不同的共享单车公司都在广告中宣传：骑共享单车不仅方便从地铁站到家的短距离出行，而且有利于身体健康，还能减少碳排放。迄今为止，共享单车已经投入使用一年多了，我国民众又是怎么评价共享单车的利与弊呢？

根据我台记者近期来自武吉士、多美歌、百胜等居民区的随机采访，我国民众对共享单车褒贬不一，大家持不同意见。大学三年级学生黄曼丽说她经常从地铁站骑共享单车回家，用手机轻松一扫就可以开锁，不仅特别方便，而且比打车便宜多了。因为几家不同的共享单车公司优惠力度很大，有时候只花几毛钱就能骑到家。黄曼丽还说，共享单车的样子时尚，有各种颜色，很好看。

在市政厅附近上班的李先生则认为很多共享单车乱停乱放，不仅影响市容，还妨碍交通，带来安全隐患。他还说有的车已经严重损坏了，那些共享单车公司应该及时清理。

居住在武吉士的陈阿婆则说，因为她和很多同龄朋友都没有智能手机，所以从来没有用过共享单车。陈阿婆还认为新加坡天气炎热，常常下大雨，骑车一点儿都不方便。

## 听力练习 4　健康和幸福（高级课程）

TRANSCRIPT

*情境：兰兰与小白在饭馆讨论减肥的话题。*

**兰兰：**服务员，麻烦给我们拿两本菜单。谢谢！

**餐厅服务员：**好的，请您稍等。

**兰兰**：小白，你想吃点儿什么？

**小白**：兰兰，你不知道吗？我现在得使劲减肥！我看，我来份沙拉，喝碗汤就行了。

**兰兰**：小白，今天约你出来，就是因为我听说你在玩命减肥呢！我今天得好好给你上上课了。你一点都不胖，别老拿自己和瘦得跟竹竿似的模特比，那才真是不健康呢！今天我来点菜。我点什么，你就吃什么！你可不能再这么伤害自己的身体了。你那减肥故事我全听说了！

**小白**：兰兰，你看你多有福气，吃多少都不胖，太让人羡慕了。我是喝凉水都长胖。唉，咋办呢？

**兰兰**：服务员，我们可以点菜了。

**餐厅服务员**：好的，您说吧！我记下来。

**兰兰**：先来两个冷盘，五香牛肉、海带丝，然后要半只北京烤鸭、麻婆豆腐、炒青菜，要两小碗米饭，再来一壶绿茶，外加一份水果盘。

**餐厅服务员**：还需要其他酒水饮料吗？

**兰兰**：绿茶就行了。

**小白**：兰兰，你点得太多了，吃了得长多少斤肉啊？

**餐厅服务员**：餐后甜点需要吗？

**小白**：还吃甜点？全是糖分。

**兰兰**：这个可以听你的，不用了。

**餐厅服务员**：我再与您二位核对一下：五香牛肉、海带丝，半只北京烤鸭、麻婆豆腐、炒青菜，两小碗米饭，一壶绿茶，一份水果盘。

**兰兰：**对，谢谢。

**餐厅服务员：**请您二位稍等。

**兰兰：**好，谢谢。来，小白，咱们今天好好谈谈什么是健康的饮食。怎么样才能吃得健康，还不胖。首先，重要的事情说三遍，你不胖，不胖，真不胖。

**小白：**反正就是不瘦。

**兰兰：**先从今天我点的菜来说吧，这可以说是一顿有营养的健康餐。咱们人体每天需要多种营养，主要有四大类，分别是碳水化合物、维生素、蛋白质和脂肪。除此之外，我们每天吃的食物还应该含有水、纤维、矿物质。先说牛肉和烤鸭吧，它们含有丰富的蛋白质。海带丝含有纤维，豆腐含有矿物质和蛋白质，青菜含有纤维和维生素。米饭是我们的主食，含有碳水化合物。绿茶更是既健康又富含矿物质的饮料。水果含有丰富的维生素 C、纤维、矿物质和水分。

**小白：**那烤鸭可是肥肉吧？全是脂肪。

**兰兰：**我们吃的食物是需要含有一点儿脂肪的，而且又不是每天吃烤鸭，偶尔吃一次，不会让你发胖的。拥有健康的身体，应该从日常生活做起！除了每天按时吃营养均衡的三餐以外，还要锻炼身体。最好做到每天参加体育锻炼！游泳、走路都是好的运动。还要多喝水，多吃水果。我们的身体健康来自健康的生活习惯，也来自乐观开朗的生活态度。天天饥一顿饱一顿，哪里还有健康可言？咱们是最好的朋友，今天约你来，就是想邀请你从下周一开始一起去健身中心做运动。我已经帮你办好了健身卡。俗话说得好：珍惜健康就是珍惜幸福。希望我们都过上幸福健康的生活！

**小白：**你都这么说了，还帮我办了卡，我哪还有理由说"不"呢！谢谢你，兰兰。

**餐厅服务员：**菜上齐了，请慢用。

**兰兰：**开吃吧！

**小白：**好！

## 听力练习 5　信念和价值观（普通课程）

**TRANSCRIPT**

*情境：某电视台主持人在街头采访中国年轻人对于婚恋的看法。*

**主持人：**大家好，欢迎大家观看我们栏目的最新一期节目。今天我们的街头采访来聊聊中国年轻人对于婚恋的看法。我们首先问问我身边这位姓许的女士，她对婚恋的事情怎么看。

**许慧玲：**我今年 28 岁了，没结婚，也没男朋友，是人们常说的"剩女"。我自己结不结婚都无所谓，但是结婚的话一定要找个志同道合、聊得来的。一辈子太长了，我可不想将就。不过，我爸妈挺替我着急的。我知道他们三年前就开始周末偷偷跑到人民公园的相亲角替我征婚了。他们说对方不用有房有车，只要有稳定工作、对我好就可以了。

**主持人：**那叔叔阿姨有没有在相亲角碰到过合适的？

**许慧玲：**前些天倒是有一个，我爸妈和那个男的爸妈聊得不错。可惜他现在在美国工作，可我又不想离开上海，所以后来不了了之了。

**主持人：**谢谢许女士，祝您早日找到自己的幸福。下面我们请周先生谈谈他对婚恋的看法。

**周晓峰：**我 30 岁之前都是坚定的"不婚主义者"。我享受自己自由自在的状态，做什么事情都不用去担心别人会怎么想。我平时上班挺忙的，周末和节假日要么和朋友们去打球，要么做背包客去旅游。我爸妈特别着急，总唠叨着说让我早点儿找对象结婚，好让他们早点儿抱孙子，还说他们朋友的儿子都生二胎了。

**主持人：**那你怎么和叔叔阿姨聊你对婚恋的看法？

**周晓峰：**我也没什么好办法。虽然现在我觉得找个人作伴也还不错。但是我觉得即使结婚了，将来我也要做"丁克"，不要孩子。生小孩再把他养大，实在太麻烦了。我爸妈那个年代的人是不会理解的，代沟太深了。

**主持人：**谢谢周先生，祝您生活幸福。

## 听力练习 6　信念和价值观（高级课程）

### TRANSCRIPT

*情境：作为 CAS 活动的一部分，德国一家 IB 学校的 DP 学生采访中国同学大伟对智能手机的看法。*

　　我叫大伟，来自中国，现是 12 年级中文 A 班的学生。关于智能手机这个话题的看法在中外学生之间是有差异的。我的理解是，就像中国人常说"人人心中有一把尺子"，当遇到事情，需要我们去判断的时候，那么我们就得用上心中的尺子，也就是价值观了。价值观存在于我们每一个人的心目当中。比如我现在生活在德国，中德文化的差异影响中国人和德国人的价值观，人们对同一事物的看法自然也有异同。

前天我看了一则新闻，在中国西南地区的一个城市，一些大学生为了去买国际知名品牌的智能手机，到银行或私人借贷公司去贷款。这些大学生认为，买一部名牌手机，就可以让人有面子。按照他们的价值观，购买国际知名品牌的智能手机，可以给自己带来一种满足感、一种优越感。同时，他们也能够提升个人的社会地位。有些学生觉得只有拥有了这种智能手机，才能够获得别人的尊重。但是他们没有好好想想：让自己背负债务来买这部手机，是否值得呢？为什么一定要买名牌的？便宜的智能手机就不行吗？这反映出他们的价值观，也体现出他们的心态。

德国学生就不这么认为，我同宿舍的德国室友认为手机就是与人沟通的通讯工具而已，以接打电话为主，收发邮件为辅，品牌并不重要，性价比才是最主要的。

我个人觉得，现在中国制造的手机质量过硬，购买国货反而是我的主张。由此可见，从一部手机也能看出东西方价值观的差异。我来自中国，现在生活在德国，接触到不同的文化。关于东西方价值观的差异，我认为我们要学会以一种中立的视角去看待不同的文化，取得共识，才能够相互理解、相互包容。这样才能与来自世界各地不同文化背景的学生融洽地相处，愉快地学习和生活。这就是我的个人观点。

## 听力练习 7　语言与身份认同（普通课程）

**TRANSCRIPT**

*情境：在 DP 一年级同学的选课会上，DP 二年级的学生代表安迪谈自己学习中文 B 的感受。*

大家好，我是 DP 二年级的安迪。我从六年级的时候开始学中文，到今年已经学了将近七年了。我认为学习中文有很多好处，建议大家都来选修中文 B 这门课。

首先，全世界有十三亿人以中文为母语，海外还有一亿多人学习使用汉语，这些人大约占整个世界人口的五分之一。虽然这些人主要是在中国，但是如果你会说中文，就意味着你可以自由地与十几亿人交流。不论你在中国何处旅行，或者是工作、生活，都会觉得十分方便。即使你不去中国，掌握中文也会对你的生活产生很大的影响。中国的经济高速发展，中国不但现在在经济上很重要，而且未来很可能会变得更加重要。掌握中文后，你可能拥有更多的工作机会，收入也可能更高。

其次，会说中文后你会更加了解中国的文化和历史。中国有几千年的历史和丰富的传统文化。汉字沿用了几千年，汉字里面包含了很多中国人对人生的态度和看法。

再次，了解中文和中国的文化之后，你会更熟悉中国人的思维方式。在比较和反思的同时，你也会对自己的文化产生新的看法。

尽管中文是一种非常具有挑战性的语言，我们学中文时会遇到很多挑战，但是学中文的利远大于弊，所以你将来一定不会后悔选择学习中文的。

最后，我还想向大家介绍我们学校的两位中文 B 老师。B1 班的李老师和 B2 班的张老师都是学识渊博、风趣幽默的好老师，经常在课上组织大家做各种课堂活动，你会觉得中文特别有意思。我相信不论在哪位老师的班上，你都会学有所成。

## 听力练习 8　语言与身份认同（高级课程）

**TRANSCRIPT**

*情境：澳洲“海外之星”电台主持人采访著名的华裔作家王杰生先生。*

**主持人：**各位听众，大家好！欢迎收听海外之星电台的特约节目。今天我们很荣幸邀请到澳大利亚杰出华裔作家王杰生先生来到我们的现场，与我们一起分享他的人生经历及他的最新小说《梦回故里》。

**王先生：**谢谢主持人的邀请。

**主持人：**《梦回故里》是您继《初心》《追梦》后创作的最新作品。在每一部作品中，读者们都能深深感到您对中国文化有着一种依恋的情愫，在华裔读者和中国读者群中能引起强烈的共鸣，这可能也是您的作品大受欢迎的原因之一吧！近期，在中国各地都可以买到您作品的中文翻译版了。请问，那是您自己翻译的吗？

**王先生：**我最大的遗憾就是目前还不能用父辈的语言——中文来写作。但我在努力，希望以后有机会用中文来创作。

**主持人：**请您先说说您的家庭背景吧！

**王先生：**我父母 70 年代末由中国移居到悉尼。作为第一代移民，我父母至今依然天天吃中餐、说中文、秉持中国传统的价值观。我出生在澳大利亚，在西式教育下成长。儿时父母忙于生意，没有时间照顾我，更不用说交流了。在我记忆中，他们 365 天日日披星戴月、早出晚归。即便父母偶尔与我交流，也是中英文混杂来询问，我则是全以英文来回应。所以我的中文交流出现了问题，文化上彻底西化，思想层面也更推崇独立性。其实，自己的身份让我困惑了多年。因为我的长相，澳大利亚人遇到我就问我是哪国人？他们认为我是亚洲人，可中国人却又把我当成澳大利亚人。

**主持人：**您儿时在学校没有学过中文吗？

**王先生：**我小时候没有系统地学习过中文。不怕主持人笑话，我以前中文的写和读都不会，只能听懂、说一点儿简单的家常用语。另外，还会说一些与吃或食品有关的词，比如火锅、饺子、包子等等。这也许是应了中国人常说的“民以食为天”。

**主持人：**那对于身份、国籍，您是如何给自己定位的呢？

**王先生：**我出生在澳大利亚，是澳大利亚人，思维方式和生活习惯与澳大利亚人毫无差别；另一方面我生有华人的相貌，身上流淌着华人的血脉。正如香蕉：黄皮、白心，可以比较形象地描述我的身份定位。

**主持人：**请介绍一下您最新作品的特别之处。

**王先生：**因为受父母潜移默化的影响，所以我的作品都带有一些中国风。此次新作是以父母的家乡为背景，讲述了一段凄美的异国之恋，同时也倾诉了老一辈华人对故乡的思念之情。

**主持人：**您对华裔青少年有什么寄望？

**王先生：**我请了老师，正在努力学习中文。我希望能用中文写出我的下一部作品。我也呼吁天下所有的华裔父母，一定要重视子女的中文学习。现在有那么多中文学校可以选择，假期里也可以送孩子去中国参加寻根之旅，让孩子增加对中国的了解，传承中国文化，做名副其实的龙的传人。

**主持人：**王先生，非常感谢您来参加这个节目。也预祝您下部作品取得更大的成功！

**王先生：**谢谢主持人。

## 听力练习 9　休闲活动（普通课程）

**TRANSCRIPT**

*情境：中国西藏拉萨市云海度假村代表向宾客致欢迎辞。*

热烈欢迎各位宾客来到云海度假村。云海度假村位于西藏自治区首府拉萨市东南部，东面是千年古镇曲川镇，南面是拉萨河，西面是德仲温泉，北面是河阳高尔夫球场，交通四通八达，十分便利。度假村北门距离拉萨旅游大巴专线 7 号线云海站只有 1 分钟步行距离，乘坐旅游大巴专线可直达布达拉宫和八廓街等拉萨著名旅游景点。

云海度假村包含一家五星级度假酒店和一个青少年户外活动中心。度假村酒店拥有一流的设施，提供高品质的服务，可以满足商旅居住以及不同的会议所需。度假村酒店拥有 228 间客房，有双人标准间、豪华家庭房、豪华山景套间、精品复式套房和豪华行政套间等不同房型。18 间会议室全部安装了先进的网络、视频系统。

云海度假村酒店还有中西餐厅和各种娱乐健身设施。酒店不仅拥有大型室外游泳池，还有一个室内恒温游泳馆供客人使用。健身房配备多种专业健身器材，全天开放。酒店还配有室外网球场和射箭区。

中西餐厅 24 小时供应各式食物，有一个大厅及 20 间包房，可供 500 人同时用餐。中餐厅以西藏特色美食为主，也提供四川菜和广东菜。西餐厅拥有来自意大利、法国、日本、印度和中东的专业厨师，提供精心烹饪的各式菜肴。

青少年户外活动中心占地 200 亩，拥有丰富的户外活动设施，可开展水上运动、高原运动、生存训练和野外训练。

## 听力练习 10　休闲活动（高级课程）

**TRANSCRIPT**

*情境：记者张梅在上海现场报道民众的周末休闲活动。*

根据今年 12 月初公布的上海民众周末休闲活动的数据统计：与去年相比，外出参与休闲活动的人数增加了近四成之多。尤其是参与亲子活动的人数明显比往年增加。

如今，随着现代科技的蓬勃发展，过往那些笨重的机器被现代化、高科技的设备所取代，人们的工作量相对减轻了，在周末或公众假期加班的时间也减少了，老百姓有更多的时间可以自由支配了。他们要么约上三五知己品茗畅谈，要么与亲朋好友欢聚一堂把酒言欢，要么携妻带子参与到家庭活动当中，不亦乐乎。在与他人愉快相处的过程中，不仅改善了人们的身心健康，增强了人际关系；而且缩短了与家人的距离，加强了家庭中的亲情与关爱，让家人的关系更为亲密无间，使全家人的生活更为多姿多彩。

五花八门的各类兴趣爱好班由此应运而生了！一种新型的亲子 DIY 手工坊就很受欢迎，人们可以在那里做中国陶艺、中国木版年画、传统蜡染，还可以学习中国国画与书法等等。这些手工坊遍布在上海大大小小的商厦之中，几乎在每个购物中心都能找到它们的身影。父母亲会利用休息日，花上大半天的时间来陪伴孩子一起完成一件具有中国传统风格的纯手工工艺品。

客人李先生说："制作蜡染布的这种活动太好了！把这些平常接触不到的传统的东西带给小朋友，让孩子加深对中国传统文化的理解。"

客人王女士说："这是我们第一次来工作坊制作中国传统的木版年画。老板很有艺术天赋，详细地给我们全家作了介绍。我们有幸亲手尝试，刷一遍印一遍。这让我不禁感慨中华文化的博大精深！"

客人小雪说："我平时就爱用铅笔画画儿。这里的店主是位画家，擅长画国画，教我用毛笔画画儿。现在我对画国画更有兴趣了！"

客人赵阿姨说："虽然做陶艺的步骤复杂，但是做胚子的时候，泥土随着底盘在手中一圈圈地转动，我仿佛置身于儿时在乡间田野玩儿泥巴的欢乐场景中。"

这就是我们应当推崇的 21 世纪的现代休闲生活吧！不是低着头自顾自玩儿手机，不是握着鼠标徘徊在虚拟的网络世界中，也不是拿着电视遥控器半躺在沙发里。让我们携手家人走出家门，增长见识，培养新的兴趣爱好，彼此观摩、学习，取得人生更大的成就！

# 听力练习 11　假日和旅行（普通课程）

**TRANSCRIPT**

*情境：王大卫给西安飞达旅行社打电话咨询。*

**旅行社职员**：您好！欢迎致电西安飞达旅行社。请问有什么可以帮您的？

**王大卫**：您好！我叫王大卫。我和同学六月初的毕业旅行想去西安。

**旅行社职员**：我们旅行社在西安的旅游套餐有团队游、自由行、半自由行，还有高端私人订制。您打算选哪一种？

**王大卫**：我们都没去过西安，又都是学生，想省点儿钱。另外，我们还想有时间自由活动。

**旅行社职员**：那么我推荐您选择半自由行。我们旅行社的半自由行满 10 人就可以独立组团了。

**王大卫**：我们一共 12 个人。那旅游线路怎么安排？

**旅行社职员**：半自由行是八日深度游线路，上午旅游，下午和晚上自由活动。第一天走东线去参观兵马俑，第二天走西线去法门寺，第三天走南线去终南山，第四天走北线去参观壶口瀑布，第五天坐高铁去华山。后面三天都是市内游，第六天去钟鼓楼和回民街，第七天去陕西博物馆，最后一天去碑林博物馆和古城墙。住宿是四星级标准间。整个行程每人 3999 元。

**王大卫**：好的，我们就预订这个。请问怎么付款？

**旅行社职员**：付款的话，行程开始三天前通过我们旅行社官方微信付款或者支付宝扫码转账就可以了。

**王大卫**：好的，我明白了。另外，我还想咨询一下，如果我们在市内自己游览，什么交通方式最方便？

**旅行社职员**：市内的话，地铁和公交车都很方便，您可以买交通卡，也可以用手机微信或者支付宝扫码支付，非常方便。如果想更舒服的话，也可以预约出租车或者滴滴打车。

**王大卫**：好的，谢谢您。

**旅行社职员**：感谢您的预订，欢迎您来西安。如果还有什么问题，请再给我们打电话。

## 听力练习 12　假日和旅行（高级课程）

**TRANSCRIPT**

*情境：学生玛丽采访本校中文 TOK 课的张老师。*

**玛丽**：张老师，您好！我是汉语班的玛丽。得知您刚从中国旅行回来，非常感谢您利用午休时间接受我的采访。主要是想请您谈谈对旅行的见解。

**张老师**：不客气，玛丽。我也很高兴能有机会用中文与你交流。你的汉语越来越流利了！

**玛丽**：哪里，哪里！

**张老师**：你真棒啊！真是个小中国通了！

**玛丽**：谢谢张老师。我还要更努力地学汉语。听其他老师说，外出旅行是您最大的爱好。请问张老师您对旅行的理解是怎样的？

**张老师：**好，咱们言归正传来谈谈旅行的意义吧！你说对了，我最大的爱好就是旅行。我想这也和我所教的中文 TOK 有关。中文 TOK 不仅需要老师有比较广的知识面，而且对世界要有良好的认知和深刻的思考。这样我才能够通过生活中各类实例向学生分析、与学生研讨 TOK 中所涉及的各类话题。每个人对于旅行的理解是不同的。有的人认为“读万卷书，行万里路”，在家读书与出门旅行是互补的。这是中国古人教我们的，是旅行的意义。有的人觉得在旅行时要把当地小吃吃个遍、买份喜欢的土特产、天天睡到自然醒，旅行的意义在于带给人轻松、愉快与满足。

**玛丽：**那么您认为旅行的意义是什么呢？

**张老师：**旅行对我来说不仅仅是欣赏一路的风景、探索当地的人文地理、感受不同的风土人情。我把旅行当成是上一所社会大学，通过结交新朋友，学习新理念来不断充实自己，同时在旅行中我更能学会反思。我发现世界是如此之广阔，世界就是一本百科全书，通过旅行，可以翻开每一页。在旅行中可以不断汲取养分，扩大自己的知识面，增加自己的阅历，发掘内在的自己，探寻人生的真谛。

**玛丽：**您说得太好了！现在我终于明白为什么张老师的中文 TOK 课这么多年来一直是报名人数最多的课了！

**张老师：**你过奖了！有那么多同学喜欢上中文 TOK 课，让我感到很欣慰。谢谢你们的支持，我会继续努力上好课，利用更多更通俗易懂的实例来讲解知识论。

**玛丽：**非常感谢您，张老师。谢谢您今天接受我的采访。再见！

**张老师：**不客气。再见！

## 听力练习 13　生活故事（普通课程）

**TRANSCRIPT**

*情境：某电台节目报道一个关于“断舍离生活方式”的研究报告。*

“断舍离”和“极简主义”最近逐渐成为大家关注的生活方式。一份最新的研究报告指出：目前中国关注断舍离生活方式的群体主要为 75 后和 80 后；在地域上，他们主要分布在京津冀、长三角、珠三角三大城市群；在性别上，女性占据大多数。

中国关注断舍离生活方式的群体排名前 5 位的省份依次为：广东、北京、上海、江苏、山东。排名前 5 位的城市依次为：北京、上海、广州、深圳、南京。

报告数据显示，这个群体中女性人数占比为 81%，男性占比为 19%。此报告分析，大多数男性的生活方式本身就较简单，而很多女性喜欢买买买，所以拥有的物品比较多。报告还进一步指出，因为大部分女性是家庭总消费的决策者，其生活方式和消费模式的转变必会影响到其家庭生活和消费方式的改变。

断舍离群体中，通过自媒体联盟、书籍杂志、网络媒体、周边的人了解断舍离生活方式的占比依次为 34%、35%、14% 和 17%。而对于通过何种渠道深入学习断舍离生活方式，该群体中 62.5% 的人选择了微信、微博等新媒体。

报告数据还显示，该群体中职业为企业管理者、专业人士和公务员的占比为 44%，个体经营者和自由职业者占 12%，普通白领占 25%，而学生和工人及其他人员占比较低。

## 听力练习 14　生活故事（高级课程）

**TRANSCRIPT**

*情境："我"有一天在家里发现了一个迷你泥壶，于是写下了这个故事。*

在阳台上喝茶，不经意发现茶桌下面粘附着一个迷你泥壶，黄泥做的，古印度壶的缩小版，大肚子小口径，精巧可爱，俨然一个天然的有机玩具，拿来给小女玩儿办家家正好。其实这个发现只是一个开始，更多的小泥壶很快就接二连三地出现了。有的小泥壶并不是单独的，而是好几个簇拥在一起或上下重叠起来，它们要么被搁置在植物枝干上，要么附着在直壁上，也可能被建在角落间。这些精致的陶艺杰作，紧致结实，造型不凡，难道我的阳台上有小精灵出没吗？那该有多好玩儿啊！

但小精灵没出现，出现了一只美丽的细腰蜂。上网查资料，才知道这是神奇的泥壶蜂（Potter Wasp），动物界的陶艺大师。准确地说，这位大师是泥壶蜂妈妈，因为泥壶蜂爸爸是没有这本事的。

这两天，泥壶蜂妈妈正在我的阳台上飞来飞去地忙碌着。我对她产生了极大的兴趣，期待着见证奇迹。

我不知道她从哪里找来的泥球，也不知道她怎么会记得回来的路，我住在高楼的 17 层啊！大概一个多小时以后，她居然又造好了一个泥壶！那壶口太美妙了，这浑然天成的艺术品，竟出自一只昆虫，简直匪夷所思！

泥壶蜂妈妈飞走后，我迫不及待地盼望她的回归，因为接下来的节目会更精彩。不负所望，第三天，她回来了，带来一条比她还长的绿色肉虫，被手脚麻利的蜂妈妈塞进壶里了。据资料，那是鳞翅目类幼虫，是泥壶蜂宝宝的食物。蜂妈妈就把它带回泥壶，作为宝宝未来的粮食储备起来。

令我吃惊的是，一只肉虫塞进去之后，泥壶蜂妈妈又来回好几次，带回更多猎物，她塞呀塞，直到壶里差不多塞满了才停。这够宝宝吃一辈子了吧？

为了孩子们能在弱肉强食的自然界健康成长，泥壶蜂妈妈做到了尽心尽责。在见识过她的辛勤劳作与艺术作品之后，我对她只有敬佩与欣赏。我轻轻触摸着这些泥壶，默默为她祈愿，愿她和她的孩子们都一切顺利……

改编自《赤道风》杂志杨放原文《泥壶小记》

## 听力练习 15　风俗与传统（普通课程）

**TRANSCRIPT**

*情境：《英伦时报》的记者报道伦敦特拉法尔加广场（Trafalgar Square）的春节庆祝活动。*

正月初三，英国伦敦春节庆典在市中心特拉法尔加广场隆重举行。一年一度的特拉法尔加广场春节庆典，是亚洲地区之外规模最大的春节庆祝活动。今年的活动规模更是史无前例。庆祝活动中不仅有特色花车巡游，来自中国的四海同春艺术团也带来了歌舞表演、乐器演奏、川剧变脸、武术和魔术等精彩节目。

来自西班牙的游客安东尼说他原本以为会有很多中国人，但是到了现场才发现连亚洲面孔都寥寥无几。他还说自己现在正在攒钱，希望有机会在中国新年的时候去中国旅游，去中国体验一下春节的氛围。

在牛津工作生活的意大利人梅丽莎告诉记者，她一大早就带着两个孩子倒了两趟火车来到伦敦，就是为了让孩子体验中国文化。梅丽莎说自己因为工作原因，经常要和中国人打交道，渐渐喜欢上了中国文化。

来自希腊的卡托斯一家五口则是来伦敦探亲的。卡托斯说自己三个不到十岁的孩子从去年开始在学校学习汉语。最小的孩子玛丽亚今年才七岁，她最喜欢的动物就是大熊猫。刚才在花车巡游中看见大熊猫，她十分兴奋，这两天更是吵着要去爱丁堡动物园看真正的大熊猫。

土生土长的伦敦人弗兰克则说他从小就爱吃中国菜，今天是特意带女朋友克莱尔去品尝中国美食的。记者介绍说中国人新年常常吃饺子，克莱尔马上决定看完演出就和弗兰克去中国城吃饺子。

在剑桥大学读博士的韩国留学生李静安说自己几年前在北京留学，感觉伦敦春节庆祝活动很热闹，气氛一点儿也不比北京差。和她一起来的中国留学生金海玉甚至感叹道自己“在这里过春节似乎比国内还认真”。金海玉打算以后年年都来伦敦参加春节庆典。

伦敦市长萨迪克·卡恩先生（Sadiq Khan）在致辞中说，春节庆祝活动为伦敦奉献了卓越的多样文化，希望在伦敦年年都举办春节庆祝活动。

# 听力练习 16　风俗与传统（高级课程）

**TRANSCRIPT**

*情境：作为 CAS 活动的一部分，汉语班的学生去华人养老院探望老一代的移民。一位同学回来后做口头反思。*

一年一度的中国新年即将来临，我校汉语班的学生多年来一直保持着一个特有的传统，那就是在节日里去华人社区的养老院慰问老华侨。我们的舞龙舞狮表演是当天最受欢迎的节目。我们与老人欢聚一堂，一起聊天儿、写春联、贴年画、包饺子、煮汤圆。养老院内到处洋溢着欢声笑语，充满着节日的喜庆气氛。

这次我有幸结识并采访了刚搬入养老院的孙婆婆。孙婆婆祖籍西安，今年已经 80 岁高龄了。孙婆婆已经在国外生活了整整 40 载了。她对我说，作为一个中国人，她也有落叶归根的传统观念。多少次在梦中，她看到老家院子里那棵硕果累累的柿子树上挂满了似火炬、似灯笼的果实。她就坐在旁边的大枣树下，那红红的大枣压弯了枝头。找根竹竿打下去，大枣便如同冰雹一般纷纷落在地上。拾起一颗放入口中，是那么甜那么脆。

孙婆婆身体健硕的时候一直帮儿女带小孩，享受着天伦之乐。她告诉我，中国人常说"故土难离，叶落归根"。她周围的一些朋友年纪大了以后就选择回到故乡，颐养天年。而孙婆婆则选择搬来华人养老院居住。一来减轻儿女的负担；二来孩子们每个周末都会来看望她，可以时常见到儿孙；三来养老院所提供的一日三餐都以中餐为主；再者，养老院坐落在华人社区内，大大小小的中餐馆、华人超市、百货商店应有尽有。所有这些都是孙婆婆喜欢的。每年的春节与中秋节养老院都会连续两天举办大型的联欢活动，有游园会，还有中国传统的艺术和服装展、演出等等。国内著名的艺术家也会赶来与当地华人一起欢度佳节。孙婆婆说现在老一代移民在国外生活是越来越习惯了，政府机构也越来越重视华人团体，而且注重华人的传统节日。后天总理就会到华人社区与大家一起欢度春节。

我们与孙婆婆和其他老人在一起度过了愉快的一天。这让我们对中国文化有了更进一步的了解。希望老人们身体健康。我们都很期待端午节时与孙婆婆再见！

## 听力练习 17　娱乐（普通课程）

**TRANSCRIPT**

*情境：美国纽约美东第一高中学校电视台记者彼得报道国际文化周中的昆曲表演。*

2018 年 10 月 25 日美国纽约美东第一高中学校电视台记者彼得报道：上周，我校 CAS 戏剧社在国际文化周中邀请了来自中国苏州昆剧院的 90 后昆曲演员们为我校师生献上了一场精美绝伦的昆曲艺术表演。师生们不仅观看了戏曲表演，了解了戏曲常识，还零距离感受到昆曲这一世界非物质文化遗产的独特魅力。

首先上场的是精心编排的《牡丹亭 · 游园》《桃花扇 · 爱江南》《西厢记 · 长亭送别》的精彩片段。为了更好地帮助大家理解，演出提供了英文、法文和西班牙文的翻译。精致的舞美、动听的唱腔、柔美的动作牢牢抓住了大家的心，大家看得着了迷。来自中国的学生赵雨菲说自己在中国长大，但是对昆曲并不了解，她印象中的昆曲就是小时候外公外婆在老式收音机里听到的“咿咿呀呀”，节奏感不强，也根本听不懂唱了什么。这次演出则令她十分感动，“原来古代人也有和我们一样的喜怒哀乐”。

之后上演的《三打白骨精》是苏州昆剧团的保留剧目之一，根据中国经典名著《西游记》故事改编。整体剧情节奏明快、文武结合，特别是孙悟空和白骨精的武戏，大家看得津津有味，大喊过瘾。来自日本的山田同学说自己小时候在中文课上就听老师讲过孙悟空的故事，还和中国同学在网上看过《西游记》的电视剧和电影，但是这次近距离观看昆曲《三打白骨精》的现场感是电视屏幕无法取代的。

几曲唱罢，台下的观众也跃跃欲试，想体验昆曲的一招一式。同学们争先上台，在几位演员的指导下先是学习扇扇子的动作，再来模仿“打坐罗汉”“睡罗汉”等动作。台上的同学表演得认真，台下的观众则是看得忍俊不禁。其中一位上台模仿的巴西同学桑托斯说原本以为扇扇子的动作很简单，原来在昆曲中，不同的动作和表情表达不同的情感，大有讲究，暗藏技巧。

苏州昆剧团的带队团长宋敏介绍道，拥有六百多年悠久历史的昆曲被誉为“百戏之祖”，是世界三大古老戏剧中至今唯一仍保留完整舞台演出的剧种，早在十几年前就入选了联合国教科文组织公布的首批“人类口述和非物质遗产代表作”名录。我校 CAS 戏剧社社长阿海德说，这次非常荣幸请到苏州昆剧团到学校参加国际文化周。阿海德还表示，戏剧表演虽然有很多不同的形式，但是都能带给大家美的感受。

## 听力练习 18　娱乐（高级课程）

**TRANSCRIPT**

*情境：中国休闲娱乐网报道一款叫作"旅行青蛙"的手机游戏。*

2018 年初，手机娱乐游戏"旅行青蛙"风靡了中国的大江南北，其火爆程度不需要广告媒体再做任何渲染，广大民众都被刷屏了。据称，这是当时最时尚的一种休闲娱乐方式，只要一部手机就能轻松免费下载这款游戏软件。它不受任何时间、地点的限制，人们可以忙中偷闲，刷刷屏，解解闷，乐在其中。在游戏中有一只可爱的小青蛙，一个人自由自在的，想去哪儿就去哪儿。这对于现实生活中每日忙碌的十多岁到四十多岁的人来说，是一种新的乐趣，让人们体验了一种平和安详的休闲生活方式。

"旅行青蛙"的游戏是由一家日本游戏公司研发的。在游戏中，一只呆萌的小青蛙会坐在屋子里看书、写信、吃饭。玩家则需要收集院子里的三叶草，用来购买青蛙旅行时所需要的食物和物品。青蛙外出旅行后会消失几个小时甚至几天。外出时和回到家的时候，它会为玩家带各式明信片和纪念品。

"青蛙"的读音在中文里有个谐音，它很像"亲娃"，这也是这款游戏深受中国年轻女性喜爱的原因之一。它的特点是：如同在抚养一个孩子，跟孩子建立起一种亲密的关系，而且还能让人享受一种间接旅行的体验。

在上海某院校求学的一位大三女生表示，她和同寝室的室友都把"青蛙"称为"蛙儿子"。通过养育"儿子"，她们增加了一种责任感。比如在"蛙儿子"出发旅行前，她一定要为"儿子"准备好食物。通过与"儿子"的日日相伴，她深深体会到为人父母的那种责任感、幸福感。有时候她会利用假期去外地旅行或打工，她下个旅行计划是去云南的丽江。到时候，她也打算给父母亲寄照片或是明信片，这不仅仅是让家人放心，还能向家人展现当地的风土人情。虽然人们现在都使用微信发照片、发信息，但是握在手中的明信片更有一种真实感与亲切感。这是在养育了“蛙儿子”后，通过收到“蛙儿子”寄来的明信片，她亲身感受到的。

在北京的一位自营咖啡馆的男士说：“这只青蛙太可爱了！我们每天的工作、生活都很繁忙，这款游戏极其简单，不需要做任何繁琐的事情，也不需要考虑任何事情，这与激烈的竞技游戏有着天壤之别。它已经成为我生活中的一部分，也是我的一种休闲方式，它让我更放松。而且来店里喝咖啡的客人们都特别愿意分享各自的“育儿经”，突然发现人与人之间多了一个共同的话题和一份浓浓的人情味，这让生活变得更加多姿多彩了。”

有的人则认为“旅行青蛙”的火爆是一种内心孤独的表现。我们每个人都应该积极面对现实生活，充实自我，做一个对社会、家庭有责任心的人。

## 听力练习 19　交流与媒体（普通课程）

**TRANSCRIPT**

*情境：某微信公众号采访两位在中国经营自媒体的外国人——高佑思和阿福。*

**记者：**从红包、饿了么、王者荣耀到辣条，这些“歪果仁”对中国社会和网络上人们关注的热点话题几乎无所不知。而且关注他们的中国小伙伴们都惊叹“这些外国人的中文真溜”，还有小伙伴留言道“他们其实都是假的外国人吧"。今天的访谈节目我们请到了"歪果仁研究协会"的会长高佑思和上海洋女婿阿福来讲讲他们在中国做自媒体的经历。首先请二位介绍一下自己做自媒体人的经历。

**高佑思：**大家好，我是以色列人，现在在北京上大学。2017 年 1 月，我和几个朋友建立了"歪果仁研究协会"，目的很简单：让中国年轻人更熟悉外国人，也让外国青年更了解现在的中国和中国人。

**阿福：**大家好，我来自德国，现在和太太住在上海。从 2016 年 3 月开始，我在微博和微信公众号上开始经营"阿福 Thomas"的自媒体平台。到现在我们陆陆续续做了几十个短视频，收获了好多粉丝，也结交了很多朋友。

**记者：**能和我们谈谈二位在创业初期有意思的经历吗？

**阿福：**我和太太最开始在家里闲着没事可做，就想拍个视频让别人开心一下。我们做的第一个视频是用中文介绍德国蔬菜。没想到的是，一周之内就收获了近 30 万点击量。我们当时想："怎么会有这么多人觉得德国蔬菜有意思呢？"后来，一位热心网友给我留言，告诉我说："不是德国蔬菜有意思，是你有意思。"这简简单单的一句留言让我充满了信心，也有了继续做下去的动力。

**高佑思：**我们做的第一个外国人和中国美食的视频影响不太大，只有 3 万多点击量。但是后来一档关于外国人过春节的访谈挺有意思的。那会儿是春节前，北京好多餐馆都关门了，好多外卖也不能点，因为快递小哥都回老家了，马路上人很少。我们和在北京学习的其他外国留学生都很纳闷："北京怎么变成这样了？到底是为什么？"

**记者：**两位未来有什么打算？

**高佑思：**我打算继续努力做一个“接地气”的外国人，了解中国人的思维方式，用中国人的视角看中国、看世界。

**阿福：**我会继续经营好我的自媒体平台，传播更多关于中国和德国的故事，打破各自的偏见，传播正能量。

## 听力练习 20　交流与媒体（高级课程）

**TRANSCRIPT**

*情境：小张采访本校学生小白与杰森，询问他们对于社交软件“微信”与“脸书”的看法。*

**小张：**小白、杰森，今天很高兴能采访二位。我们今天的话题是“新媒体环境下的超级交流平台——东方的微信与西方的脸书”。我想听听你们对这一话题的见解。你们平时联系身边的亲朋好友时都采用什么方式？

**小白：**小张，什么风把你吹来了？我们英文 B 班的高材生，校报的大记者。这可是个有趣的热门话题啊！

**杰森：**小张，你好！正好汉语老师也让我们中文 B 班的学生写一篇关于现代交流与媒体的作文。我也很想听听小白的见解，这能帮助我完成这篇作文呢！小白，你先说说吧！

**小白：**好的，那我就先抛砖引玉吧！现今随着互联网的蓬勃发展，全球各大网络开发公司摩拳擦掌，争相研发出各类新兴的社交软件。其中最为热门的是中国的微信 WeChat 与遍及西方各国的脸书 Facebook。我觉得这类社交软件冲破了时间与空间的束缚，使人与人之间的交流从最初的面对面交谈渐变成另一种新的交流模式，同时也给我们创造了更多的选择空间。尤其是青少年学生，不管是对物质生活的选择，还是社交软件方面，都更加推崇时尚感，追求前卫与潮流。关于现在流行的社交软件，我们华人留学生之间的交流更偏向于使用微信。为什么呢？第一大好处就是用中文，毕竟是我们的母语么！我们远离故乡来海外求学，运用全中文的可视化交流平台联系在国内的亲朋好友，减少了一份距离感，增多了一份亲切感。而且微信还有个收发红包的功能，既方便了我们的日常生活消费，又增添了趣味感。通过微信社交网络平台形成了一个更具真实感的社会小圈子，比如家庭群。我的亲戚就组了个家庭群，七大姑八大姨每天都在群里聊家常。以往逢年过节才难得一见的亲戚，现在只要一有空闲就聚集在群里。无论何时何地，全家老少都能通过社交软件联络。

**小张：**除了微信以外，你在国外还用脸书吗？

**小白：**在国外不用脸书的话就是落伍的象征了，就 OUT 了。我当然也入乡随俗了。我也用脸书，但基本上是与这里的同学或朋友联系时才用。因为它是个英文社交平台，所以也是练习外语的好方法。杰森每天都挂在脸书上，只要我一登录就能见到他在平台上发表的感慨、留言和照片。可惜他不能用脸书给我发红包。

**杰森：**虽然我以前一直只用脸书，但现在不同了。因为我是中文 B 班的学生，所以微信成了我学习汉语的必用工具。你忘了？我也加了你，小白。你今年春节时还给我发了 20 块的红包呢！只是我不知道可以在哪儿用红包里的钱。

**小白：**告诉你吧！现在你去中国城，那里的商家都接受微信支付了。随着网络的普及，社交软件如同一座桥梁把世界各地的人联系在一起，人们的沟通更加方便、顺畅了。社交软件在我们的工作、学习中扮演着越来越重要的角色。

**小张：**说得太好了！感谢你们两位。我们下次再聊。

**小白、杰森：**不客气。下次再聊。

## 听力练习 21　技术（普通课程）

**TRANSCRIPT**

*情境：某科普播客节目介绍大数据。*

“大数据”已成为当今社会的高频词，并已在潜移默化中逐渐渗透到我们日常生活的方方面面：柴米油盐、吃穿住行、学习娱乐等等。传统的生活模式随着大数据时代的到来发生着大大小小的改变。

相信很多听众都有类似的体验：打开曾经浏览过的网页，会自动弹出“猜你喜欢”；在网购的时候，除了“猜你喜欢”，电商平台还常常根据你最近浏览的物品的种类给你推荐各式各样的“热卖商品”；或者等公交车的时候，公交站的智能公交站牌会及时提示你下一辆公交车什么时候到站、前方道路是否拥堵、甚至车上人多不多。如果你对这样的情境并不陌生，那么大数据已经渗入你的生活，你可能早已在无意识中开始借助大数据在生活中做各种决定了。

我们现在每个人的日常衣食住行、生活起居，都被大量的数据记录下来。我们在网络平台的各种行为会变成一串串数字，成为可量化的数据，成为描述我们生活的信息。比如，我们吃饭点外卖用“饿了么”、出门打车用“滴滴”、搜索信息用“百度”、与朋友和家人联系用“微信”，每一步都被记录下来。

中国 2015 年 8 月 31 日印发的《促进大数据发展行动纲要》这样定义大数据：大数据是以容量大、类型多、存取速度快、价值密度低为主要特征的数据集合。

大数据的使用有利有弊。利是我们可以享受大数据带来的便利：我们看到的每一条推送广告都是和我们相关的，我们查找的每一条搜索记录都是根据我们的特点和关注点来推荐的，我们在社交平台加好友时系统甚至都会提示我们这位好友是不是会跟我们合得来。大数据的最大的弊端则在于：我们的隐私暴露无遗。如果数据的拥有者想做点坏事，那真的是一切皆有可能了。

## 听力练习 22　技术（高级课程）

**TRANSCRIPT**

*情境：法国某 IB 学校中文 TOK 课上，来自中国的留学生代表和法国当地的学生代表开展了一场关于电子支付的利与弊的辩论。*

**正方（中国学生组）：**尊敬的老师们、同学们、各位反方代表：大家好！我是正方一辩赵美兰。我方的观点是：电子支付给人们的生活带来了极大的便利，电子支付是利大于弊的。我从以下两个方面来谈谈我方支持电子支付的原因。首先，以中国为例，中国的经济迅速发展，尤其在金融、科技方面的发展更是突飞猛进。随着智能手机的普及，电子支付渐渐被人们所接受并广泛使用。对于支付宝、微信的电子支付功能，在中国绝大多数的民众都持欢迎的态度。从菜市场的小商贩到各大超市的收银台，从咖啡馆、餐馆到理发店、宠物店，从 2018 年初开始广泛应用的停车场电子缴费到百姓家中水电煤气等各类杂费的电子缴费，支付宝和微信的电子支付功能可以说是遍布中国的大江南北，陪伴生活的方方面面。短短三五秒的电子支付不仅简单便捷，还可以大量节省人们排队或等候的时间。电子支付不仅让消费者能更舒心地购物、吃饭与休闲，还能让商家有更多的时间为客人提供更优质的服务。其次，商家通过电子支付收款可以有效地降低收到假币的风险，避免人为操作失误所带来的经济损失。此外，商家还可以在微信支付后让新老顾客关注商家的微信公众号，之后利用微信公众号推广新产品或做特价推销，不断地吸引新客人、更好地留住老客户，积累庞大的忠实消费群体。电子支付使人们的生活变得更为方便、快捷。由此可见，电子支付是有利的。谢谢大家，我说完了。

**反方（法国学生组）：**尊敬的老师们、同学们、各位正方代表：大家好！我代表反方，是反方的一辩弗兰克。对于正方刚刚所说的观点，我方提出异议。第一，在法国，如果都改为电子支付，人们的电子支付只能通过极少数的几个金融机构来进行。法国人非常注重个人的选择和体验，但是如果我们不用这种方式支付，那么我们就会进咖啡馆买不到咖啡、在饭馆点不到菜也吃不到饭、到理发店没法剪头发、开车进停车场无法支付停车费。那么人们还能外出吗？我方认为，这是一种变相的经济强制手段，让人不能摆脱它对自己的控制，因为一旦摆脱就无法生存了。另外，我们担心的还有一点，如果都改为电子支付，在某一天，由于天灾人祸等不可抗力的发生，我们所有的财富是否会消失得无影无踪？那不就会变得一无所有了吗？真的到此地步，谁能负得起这个天大的责任？所以，我方认为电子支付所带来的弊处是会削弱我们对个人财富的掌控，这是十分可怕的！此外，众所周知，民众最关心的是个人的隐私权。如果所有交易都采用电子支付的话，那就意味着，每一笔消费、生活习惯等信息别人都知道。比如，我在哪家咖啡馆买了什么咖啡、我在哪家饭店吃了什么菜、我在哪家购物中心买了什么东西，还有我是否有宠物、有什么样的宠物等等，所有这一切都会被某些金融机构掌握和监控，这是民众无法容忍的。因此，我方认为，电子支付是一种变相的经济强制手段，将削弱我们对自己财富的掌控，会侵犯个人的隐私权，可能给我们的生活带来负面影响。谢谢，我说完了。

## 听力练习 23　科学创新（普通课程）

**TRANSCRIPT**

*情境：一个学生在 TOK 课上做口头表达练习，他的题目是从抵制"杀手机器人"看伦理方面的考虑是否会限制知识的产生和应用。*

老师好！同学们好！我今天口头表达的题目是：从抵制"杀手机器人"看伦理方面的考虑是否会限制知识的产生和应用。

2018 年 4 月，五十余名世界顶尖人工智能和机器人研究专家宣布，将联合抵制韩国科学技术院关于研发人工智能武器，也就是"杀手机器人"的计划。专家们认为人工智能在军事领域的研发，如果不经过伦理方面的慎重考虑，就如同打开"潘多拉的盒子"，后果会超出想象。

随着人工智能在近年来的快速发展，人们早已开始担忧人工智能的未来将完全不可预测，它有可能产生自我意识，能够进行自我思考，极有可能脱离人类控制，甚至给人类和地球带来毁灭性灾难。基于这样的担忧，有些人甚至提出人类应该停止对人工智能的开发，以避免人工智能带给人类的威胁。

关于这个话题，我想讨论的知识问题是：伦理方面的考虑是否会限制知识的产生和应用。我认为伦理方面的考虑在一定程度上是会限制知识的产生和应用的，人类必须直面人工智能所引发的伦理危机。但是与此同时，伦理判断也会或多或少迫使甚至激励人类寻找创新型、更有想象力的方法来产生和应用知识，从而对知识的产生及应用产生积极影响。

首先，人工智能的发展还处于起步阶段。要让人工智能像人类一样能思考、有意识，短期内不太可能实现。那些关于人工智能跨越伦理道德边界的担忧难免有些杞人忧天，为时过早。

其次，人工智能的发展涵盖很多领域，不应对其发展一概而论。那些把人工智能拟人化并由此担忧其作为一个新物种毁灭人类的想法，以偏概全，抹杀了人工智能的发展能够带给我们的种种便利。

最后，人类自身的伦理知识体系中也存在很多争议，不能因为这些争议限制其他知识领域的发展。比如关于“电车难题”，人类自身也还没有统一判断，人工智能就更难拿出完美解决方案了。如果因伦理考量而完全放弃自动驾驶汽车的研发，则是因噎废食了。

## 听力练习 24　科学创新（高级课程）

**TRANSCRIPT**

*情境：某电台节目主播小陈在节目中讨论中国智能无人服务业的话题。*

各位听众朋友们：

大家好！

我是“今日看世界”节目的主播小陈。今天我要为各位带来一个具有时代感的新话题：从无人超市到无人餐厅，这就是当代中国。说到智能模式的无人服务业，已不再是科幻大片中所出现的场景了。如今，当你漫步在杭州市的街头，无人超市与无人餐厅吸睛不少。它们已经逐步进入了人们的日常生活。继杭州开设首家无人店之后，无人店在北京、上海、广州、成都、西安等各大城市也已经陆续登陆，全国现今已有五十多家无人店了！它们乍一看与普通超市、餐厅没有什么太大的区别，但是你见不到收银台，更见不到收银员、售货员或者餐厅服务员。只要拿出手机扫码，你就可以轻松自如地进入无人超市或无人餐厅了。超市中的商品琳琅满目、数不胜数；餐厅里的菜肴也是多种多样、任君挑选。这就是风靡中国的无人超市与无人餐厅。有人说，这是波及中国零售业与餐饮业的一场大风暴。

近日，我特意去体验了一下无人超市与无人餐厅。让我先来说说这无人超市吧！我先是用手机扫码进入了超市，接着挑选要买的商品，放进购物篮，最后走到自动门前，机器就自动识别到了我购物篮里需要付款的各类商品，支付宝一次性完成付款。

走出无人超市，我又来到了无人餐厅。再一次拿出我的手机，先使用支付宝扫码授权，然后刷脸确认了我的身份，就可以步入餐厅，坐下来点餐了。那一张张新颖别致的大餐桌是无人餐厅最大的亮点！您能想象到餐桌就是一个大电脑屏幕吗？我用手指轻轻触摸了下屏幕，智能点餐界面就映入了我的眼帘，点餐模式就这么顺利开启了！菜品的价格与各类信息都一一在餐桌上面显示。点餐系统可以支持多人同时点餐。另外，还有个优点就是餐厅会记住我的口味与喜好，以备下次再来时使用。吃完饭后，我就直接出了餐厅，支付宝自动帮我支付了这顿餐费。用餐期间我没见到服务员与收银员。真的不敢相信，无人超市与无人餐厅已经走入了我们的日常生活，比我们想象的速度快得多！听业内人士说，全中国未来将开十万家无人餐厅。

这小小的一部手机就能实现那么多的生活体验，确实方便。但是我们知道，任何新生事物都有它的利与弊。说到购物与用餐体验，大多数的民众都已经习惯了传统的模式。这种时尚的生活方式，对于不大用智能手机的人来说的确会有一定的难度。除此之外，我个人认为，无人服务业追求的是智能，是新的科学技术，人性化的方面还有待完善。让它们真正能够造福于人类，为百姓带来更多的福利与便利才是商家应该追求的目标。各位朋友，您对无人超市与无人餐厅有什么看法呢？好了，今天的节目就到此结束，欢迎您下期参加我们的互动节目。我们下期将聊聊无人酒店的话题，我们的热线电话是 98981255。感谢各位收听小陈的“今日看世界”。期待明天同一时间与您相会！再见！

## 听力练习 25　社会关系（普通课程）

**TRANSCRIPT**

*情境：新加坡南华出版社举办《社交网媒改变世界》的新书发布会。*

**孟编辑：**各位读者朋友们，大家下午好！感谢大家参加新加坡南华出版社《社交网媒改变世界》的新书发布会。我是本书的责任编辑孟晓，坐在我左手边的是本书作者梅月博士，梅博士左边的是本书的读者代表，来自瑞吉银行的王勇先生。下面请梅博士谈谈她的新书，以及社交网络媒体如何改变世界。

**梅博士：**社交网络媒体在现今社会中不断改变我们的生活、工作，继而改变整个世界。比如在生活中，人们通过不同的社交媒体建立和维护自己的社交圈，彼此之间的沟通方式和人际关系因此发生了改变。我们在享受数字通讯的便捷的同时，又会觉得虚拟的社交网络媒体取代了真实生活中人类之间的面对面交流和人际关系。社交网媒是把双刃剑，人们对其产生的影响褒贬不一。书中我引用了一份最新的调查数据。许多受访者认为使用社交媒体后，他们与父母、配偶、朋友、同事的交流变得更频繁。71% 的受访者表示与伴侣或配偶有更多沟通，高达 78% 的受访者表示他们与朋友更频繁地沟通，另外还有 77% 的人表示他们与同事的沟通更加频繁。但是与此同时，三分之一的受访者承认，他们现在与父母、朋友和同事的面对面交流减少了，因为可以通过社交媒体关注他们的现状并与其交流。

**孟编辑：**下面请王先生谈谈本书的读后感。

**王先生：**我虽然是一名计算机工程师，但是我没有任何社交媒体账号，因此常常被认为是个“怪人”。比起网上的社交平台，我更喜欢面对面地交流，比如和朋友一起去那些没有无线网、也不许用电脑的咖啡馆坐坐、聊聊天儿。我很同意梅博士在书中提到的，在社交网媒中人们会给自己构建不同的身份标签。我认为很多人对真实生活中的自己不满意，才会为了在社交媒体上获得别人更多的“点赞”而做出很多平时不会做的事情，甚至是哗众取宠，比如发布一些自己穿着暴露的照片等。我觉得比起我来，这些人更“怪”一些。社交网媒中的隐私内容也很容易被别有用心的人利用。另外，我还对梅博士在书中所谈到的社交网媒对工作的改变印象很深刻。她在书中总结说，在工作中，社交媒体可以帮助人们和同事保持联系，也能让人们结识更多的业内同仁。

# 听力练习 26　社会关系（高级课程）

**TRANSCRIPT**

*情境：加拿大某 IB 学校 DP 二年级学生在社区广播电台由本校学生主办的“一周一论坛”节目中采访孙先生。*

**主持人：**各位听众，大家好！欢迎收听由我校学生主办的“一周一论坛”节目。我是主持人夏宁。今天有幸邀请到本市首位华裔市长孙先生，我们讨论的话题是“社交方式在中西文化中的体现——从串门儿说起”。我们的热线电话是 1566189，欢迎大家拨打热线电话，参与我们今天的话题讨论。孙市长，您好！今天非常荣幸能邀请孙市长来到我们的演播现场，与我们一起分享今天的热门话题。

**孙市长：**夏宁同学，谢谢你的邀请。今天很高兴能来到演播现场用中文与主持人还有听众一起互动交流。

**主持人：**您是本市首位杰出的华裔市长，我想您每日和来自不同文化背景的民众、同事打交道，一定有不少趣闻吧？

**孙市长：**是的，一个多元文化社会就好比一所社会大学。社会学更是一门深奥莫测的学科。作为一名城市服务人员，在每日的工作中都能接触到不少来自不同民族、不同文化背景的人，还真是有不少趣闻。

**主持人：**请您先做个自我介绍吧！

**孙市长：**我先说说我的家庭与文化背景。我父母亲是 80 年代从山东青岛移民到加拿大的，我在加拿大出生，小时候在周末的中文学校学了八年汉语，也可以说非正式地在家跟父母学了三十多年汉语了。可一旦走出家门，我还是更习惯说英语。这为我走上工作岗位后能用两种语言与人交流打下了扎实的基础。

**主持人：**请谈谈您对中西社交方式的看法。我是主持人夏宁，我们的热线电话是 1566189，欢迎大家的参与。

**孙市长：**说到中西社交方式的区别，那可真是大有文章啊！首先，我认为良好的社交活动可以使我们保持身心健康并富有活力。说到串门儿，那是我父母那一代人社交所必不可少的。那个年代没有手机，虽然家家户户都有电话，但是华人之间很少打电话预约串门儿的时间。我家住在华人聚集区，记得在儿时的周末，我家永远是高朋满座，来串门儿的人络绎不绝。有的就坐十来分钟，有的一聊就是几个小时。母亲总是在家中备足了茶、瓜子、花生与糖果来招待客人。

**主持人：**我们连线一位来自中国的留学生小张，来听听小张的见解。

**听众小张：**孙市长好，主持人好！我来自中国上海，是大二的学生。我同意孙市长讲的串门儿是中国传统的社交方式之一。现今的中国，随着时代的进步，经济与科技的发展，以往的串门儿逐步被代替。线下社交是大大小小的饭局、K 歌房等面对面的互动，线上社交是微信、QQ 或脸书上文字的互动。在海外的留学生也都是以这些新的方式各自发展着自己的社交群。

**孙市长：**我同意小张说的中国人饭局交友的方式。还想补充一点，加拿大人认识新朋友主要通过简单的午餐会、大小派对，尤其是家庭派对，还有各种主题交流活动。很多时候客人是手持一份点心或一杯饮料站着与人交流的。另外，活动都是需要提前报名或注册的。加拿大人的社交活动多选择在午餐时间，不注重形式而重视交流。中国人更热衷于以正规的晚餐饭局来招待朋友。这可能是因为嫌安排、组织派对太花时间、太麻烦吧！当然也可能是因为中国人“民以食为天”，中国就是一个美食的天堂，用美食来招待贵宾可以最大限度地显示主人对宾客的重视。

**主持人：**今天非常感谢孙市长与小张的参与。我们的节目又到了说再见的时间。我是主持人夏宁，期待下周同一时间我们再见！

**孙市长、听众小张：**谢谢你，夏宁。再见！

## 听力练习 27　社区 / 群体（普通课程）

**TRANSCRIPT**

*情境：台中市耀华高中 DP 二年级的学生黄永铭在全校集会上介绍 CAS 项目——到彩阳安老院做义工。*

各位同学、各位老师：

早上好！

我是 DP 二年级的学生黄永铭。今天我向大家汇报我们的 CAS 项目：到彩阳安老院做义工。

我和我的同学是在差不多一年前开始到彩阳安老院做义工的。开始我和几个同学只是想利用空余时间去看望老人，陪他们聊天儿。可是过了不久，我们就发现原以为很简单的聊天儿其实并不简单，遇到了好多以前从没想过的挑战和难题。比如好多老人因为听力下降，常常听不清我们说了什么；还有一些老人说话时有很浓重的乡音，我们根本听不懂他们在说什么；有的时候，老人们喜欢和我们聊起他们年轻时候的事儿，而我们对那些历史知之甚少，常常搭不上话；再有就是有一部分老人不大爱说话，当我们硬是要陪他聊天儿时，就显得很尴尬。

这种陪聊式的义工服务我们做了一个月。在和我们的 CAS 指导老师苏老师汇报活动进展后，苏老师启发我们反思尬聊的原因。她建议我们做些调查和研究，然后根据实际情况调整我们的活动内容，并提醒我们要关注活动中可能会出现的伦理难题。她鼓励我们说这个 CAS 项目的出发点很好，关注到老龄化这个很重要的社会趋势和待解决的议题，非常有意义。和苏老师面谈后，我们信心大增。在小组内部，我们几个人分了工，有的同学负责查询中外助老服务的成功案例，有的同学负责调查彩阳安老院的爷爷奶奶的需求，有的同学采访彩阳安老院的工作人员，还有的同学走访一些爷爷奶奶的家人来收集更多关于这些老人的信息。

经过这样的调查研究之后，我们从关注爷爷奶奶的兴趣爱好出发，去丰富他们的精神世界。我们几个也按照个人所长分成了三个小组：体能组、艺美组和学霸组。体能组的同学和爷爷奶奶一起练习武术、太极，有的时候还打乒乓球。艺美组的同学和喜爱琴棋书画的爷爷奶奶开展了好多文艺活动。学霸组的同学则按照爷爷奶奶的需求安排了手机使用、上网冲浪、外语会话等不同的课程。

这样的活动我们做了将近一年，寒暑假的时候也没有休息。同学们都说自己收获良多。一个同学说虽然自己以前觉得用手机是件再平常不过的事情了，但是让别人听懂、会用则是另外一回事。还有的同学说这个活动很有意义，教会了他怎么设身处地为他人着想。他常常陪一位姓张的爷爷下象棋。张爷爷总是赞扬他棋艺精湛，其实张爷爷才是象棋高手，不仅常让棋给他，还教给他很多下棋技巧。张爷爷说"陪伴才是世上最好的礼物"，所以非常感激他常常陪自己下棋。

我和同学们在这个活动中都学到了很多，感受到了很多。希望在新学年有更多的同学加入我们，把这个活动继续做下去。我的汇报就到这里，谢谢大家！

## 听力练习 28　社区 / 群体（高级课程）

**TRANSCRIPT**

*情境：新西兰某学校的校报记者小李采访刚从柬埔寨暹粒做义工回来的高中生艾米。*

**小李：**你好，艾米！听说你上周顺利完成了为期两周的柬埔寨义工任务，很高兴今天能采访你。请你谈谈此次做义工的经历与感想，好吗？

**艾米：**你好，小李！是的，我与我的队友是上周五晚上在领队克瑞拉老师的带领下回来的。两周的义工服务，让我体验了柬埔寨暹粒的文化，更重要的是与队友们齐心协力，亲手为当地小学建造了一间活动室，我们都倍感骄傲与自豪。此外，我对 IB 课程的教育宗旨——要把学生培养成有爱心、有同情心、有责任心的人有了进一步的认识与理解。义工服务还培养了我吃苦耐劳的精神。

**小李：**请你介绍一下这个城市和这所小学吧！

**艾米：**暹粒是一座既宁静又美丽的城市，民风十分淳朴。大部分暹粒人的生活并不富裕，这和当地单一经济发展方式与经济基础薄弱有关。这所小学坐落于暹粒市中心。学生们的生活特别艰苦，一天的生活费还不到 1 美元，很多学生都是光脚去上学的。开始我还以为是受气候炎热的影响，或是他们当地的一种风俗呢！而真正的原因是一些家长没有能力花钱为孩子买鞋。还有很多学生因为父母交不起学费而不得不辍学。与孩子们交谈后，我们发现他们的世界是那么狭小而单调。

**小李：**你们每天的工作是怎么安排的呢？感受最深的是什么？

**艾米：**我们全队一共有 20 名学生。我们此次最艰巨的任务是要为学校建造一间活动室。白天我们全队队员在克瑞拉老师的带领下与该校六年级的师生一起建房子。从搅拌水泥到砌砖垒墙，经过十天的不懈努力，顺利建造了一间多功能活动室让学生在雨季有个遮风挡雨的休息室，平时还可以作为一个小剧场做期末汇报演出之用。晚上有时我们去学生家拜访，体验当地人的热情好客与淳朴民风；有时我们去夜市品尝当地小吃，感受舌尖上的暹粒。周末，我们去观看了独具特色的民族表演。当然，我们也没有错过世界文化遗产吴哥窟的风貌。她的神秘、沧桑与壮观无需赘言。此外，我们还参观了金边皇家宫殿和博物馆。

**小李**：你会推荐我校的学生报名参加下一届的义工活动吗？

**艾米**：我将大力推荐每个学生报名参加如此有意义的义工服务项目。而且明年将是我校与国际儿童基金会合作的第十个年头！希望我校有更多的同学行动起来，加入义工的大家庭，献出自己的一份爱心。

**小李**：谢谢你，艾米同学！让我们一起为义工服务加油！

## 听力练习 29　教育（普通课程）

**TRANSCRIPT**

*情境：公益中心举办《中国留守儿童白皮书》报告发布会。*

各位来宾，女士们、先生们：

大家好！

我是"一起去上学"公益中心的杨新宇。欢迎大家来到我中心举办的《中国留守儿童白皮书》报告发布会。今年是我中心第五次发布《中国留守儿童白皮书》。今年的白皮书从去年七月开始策划，历时 312 天，样本总数达到 15878 份，覆盖 21 个省、直辖市、自治区。运用多种研究方法，多维度对与留守儿童相关的心理问题进行定量考察，得到众多有价值的数据和结论。

我们对去年农村留守儿童摸底排查的结果显示，全国农村留守儿童有 902 万人，其中有 835 万人没有父母作为监护人，是由祖父母、外祖父母或者亲戚朋友监护，占比高达 92.6%。父母一方外出务工而另一方无监护能力的有 31 万儿童。还有 36 万留守儿童无人监护。这类完全留守儿童中的 55.8% 来自华中、西南、西北等中西部地区。

对留守儿童在学校状况的分析显示，67.8% 的留守儿童有学习成绩明显退步的经历，明显高于非留守儿童，而其中缺乏母亲关爱的留守儿童所占的比例最高。

缺乏父母关爱不仅仅对儿童的成绩造成影响，更影响孩子的心理健康与三观塑造。我们的调研发现，留守儿童心灵状况的三个主要特点是：一、亲情淡薄，9.7% 的留守儿童对父母的生死漠不关心；二、完全留守状态的儿童遭受欺负的比例高达 58%，留守降低了孩子在人群中的地位，使其更弱势，更容易被挑选成为欺负的对象；三、留守男童比留守女童更脆弱，这和父亲的缺位不无关系。

关爱和保护留守儿童，需要一系列社会制度支撑，是家庭、学校、政府以及整个社会的共同责任，需要多方长期努力。

## 听力练习 30　教育（高级课程）

TRANSCRIPT

*情境：电台主持人小丽采访刘老师和王老师，讨论中西教育对比的话题。*

**主持人：**刘老师，王老师，你们好！我是小丽，非常感谢二位老师今天来到我们"中西教育观"在线直播节目。今天采访的一大特点是在不同地区连线直播。这让人不禁感叹，网络如同一座桥梁把相隔万里的我们紧紧地连接在了一起。刘老师在两年前赴澳大利亚参加了中西教育交流项目。在项目中，我们看到中国老师团队在短短几个月的时间里让"中式教育"班的学生考试成绩全面高于"西式教育"班的学生，学生的外语平均成绩高出十多分。我们感受到了教师工作的艰辛与不易，也佩服您的耐心与坚持。尊敬的王老师，您在澳大利亚的国际中学教授汉语长达十五年之久，有着丰富的教学经验。尤其让人敬佩的是您的学生每年的 IB 全球统考都取得了优异的成绩。今天想请二位谈谈成功的教学经验。刘老师，大家都想知道您的教学理念是什么。

**刘老师：**很荣幸能有机会赴澳大利亚，将传统的中式教育展现在西方的教育舞台上。人们把教育划分成中式和西式，中式的教育是标准化的，中国的学校大班制，普遍采用的是统一教材。而西式的教育则注重个性化的教育，而且更强调互动性，培养学生的团队精神，课堂上强调的是讨论环节。实际上我认为中西教育应该是可以取长补短的。回国后，我改变了以往的一人一舞台说教式的教学方法，而融入了更多的提问启发与互动环节来活跃课堂气氛，给学生自我空间，鼓励学生独立思考与反思，提高学习的主动性。同时，我也认识到作为老师要时常反思，这是我在西方老师身上学到的。回国后我也一直通过反思来改进教学中存在的不足之处，提高教学质量，让学生可以在课堂上更好、更系统地学习到新知识。我相信关于这一话题，澳大利亚的王老师一定有更多的实例可以与我们分享。

**主持人：**我们请王老师谈谈在国外是如何教课的。

**王老师：**谢谢刘老师，谢谢主持人。刘老师说得非常到位。西方的教育注重给学生一些自主性的空间和时间，来培养学生自我发现、自我思考、自我反思的能力。中国式的教育偏重于灌输，而西方教育更倾向于启发。因此，我在课堂上鼓励学生与老师互动、与团队互动，让学生主动思考，激发学生对学习中文的热情。我教授 IBDP 课程十五年了，一直在私立学校，都是小班制。另外，我们 IB 汉语班没有规定的统一教材。我认为生活本身就是一本实用的教科书，课本就在我们身边。比如，上一周讲中国热门话题时，生活趣事、新闻联播都是我们的课本。让学生关注世界大事，解读原汁原味的中国文化，学习说地道的中文，这就是我的汉语教学理念。

**刘老师：**王老师，您说得太对了。

**主持人：**衷心感谢刘老师、王老师与我们分享他们宝贵的教学经验。

**刘老师、王老师：**不客气。

**主持人：**我们的下一期节目将继续采访二位老师，下一期节目的话题是教学小妙招。今天的直播节目就到此结束了。这里是"中西教育观"，我是主播小丽。欢迎更多海内外的老师加入我们中西教育论坛的节目。我们下周同一时间再见。

## 听力练习 31　职场（普通课程）

**TRANSCRIPT**

*情境：马来西亚某学校的职业日讲座上谈双语能力对职场生活的重要性。*

**邱老师：**欢迎各位同学来到职业日系列讲座。我是大学升学和职业顾问邱武鸿老师。今天我们要聊的话题是双语能力对职场生活的重要性。今天到场的嘉宾是林灿芬女士，她 19 年前毕业于我们学校，现在在我国商务部职业发展司工作。她最近参与了《双语能力对职场生活的重要性》的调查工作。下面有请你们的师姐林女士发言。

**林女士：**谢谢邱老师。去年 7 至 12 月，我和我的同事对在马来西亚的全球五百强大型企业工作的 939 名高级企业管理人员和人事经理进行了采访调查。接近 90% 的企业高管认为双语能力在职场具有举足轻重的地位。这些公司认为，员工如果能熟练掌握双语甚至更多不同的语言，就会具备多文化交流沟通能力，和来自不同国家的客户建立很好的联系，帮助企业更顺利地拓宽海外市场。我们同时也采访了 107 位中小型企业的负责人。这些中小企业主一致认为外语是联系客户必不可少的纽带。一位陈姓企业主甚至表示他的公司只雇佣会说华语、马来语和英语的人。我们在调查中还发现：如果掌握双语，你不仅更容易获得就业机会，你的薪酬水平和晋升机会也会大幅提高。双语职场人的月薪可能多出 400 至 500 美元，而且这只是一个保守数据。按较高水平估计，拥有双语能力的人可以因为他们卓越的语言能力而多获得将近 1000 美元的月薪。毋庸置疑，如果你掌握双语，甚至多种语言，将对职业发展大有裨益。我们的调查发现，双语能力对职场的重要性不仅在于语言能力本身，更重要的是语言背后的文化理解和沟通。我们的采访者，不论是大公司高管，还是小企业主，都一致认为掌握一门语言背后的文化，才是促进商业交流的关键。如果仅仅会说外语，但是对语言背后的文化知之甚少，也是无济于事的。企业雇主认为那些既熟悉本土文化，又有国际视野的雇员才更有竞争力。最后，我的个人经历也证明了双语能力对职场的重要性。我和在座的大家一样，从小就学习华语、英语，也会说马来语。在 DP 课程中，我学习了两门语言 A，我的中文 A 和英语 A 都得了 7 分。在工作中，我经常和说不同语言、来自不同国家的各行各业的人打交道。对三种语言的熟悉、对不同文化的了解帮助我更好地完成工作。我的发言就到这里，谢谢大家。

## 听力练习 32　职场（高级课程）

**TRANSCRIPT**

*情境：播客主持人小云采访近期归来的海归人士徐教授和黄老师。*

**主持人：**徐教授好！黄老师好！感谢两位今天能来到我们的演播室。我们今天的话题是：中国迎来最大规模的"海归潮"。众所周知，从 1986 年的第一波十万人出国留学潮至今，转眼间已经过去了三十多年了！两位老师恰巧都是在 80 年代末出国的，而且都是在去年回到中国的。如今两位已是各自不同专业领域的精英骨干了。

**徐教授、黄老师：**哪里！哪里！您过奖了。

**主持人：**据统计，截至 2016 年底，海归人士的总数已有 265 万多人。我们见证了近年来中国政府大力扶持技术创新、青年创业，让海归人士有了充分发挥才能的机会，同时也进一步提升了国家的竞争力。借此机会，想请两位老师谈谈回国后的感想。

**徐教授：**我三十年前揣着“留学梦”踏上美国的留学之路。本以为这一生将沿着当初的梦想与计划——在美国读书、工作、结婚，按部就班地进行下去。由于 2017 年我看到中国政府实施的引进海外高层次人才的“千人计划”，我了解到国家对专业人才的重视。上海一所大学承诺提供丰厚的薪酬待遇及充足的科研经费，这对我极具吸引力，让我毅然决然地回到上海。上海是中国的一线城市，所以住房是令人头痛的一大问题。但是我任职的大学不仅为我提供了在上海徐汇创业公寓 100 平方米的住房，而且还额外支付了丰厚的安家费，为我解决了所有的后顾之忧，让我能把所有的精力都投入到科研及教学中去。

**主持人：**随着综合国力的不断提升，国家对人才的吸引力也愈来愈强。那黄老师呢？

**黄老师：**回国前，我在英国生活了三十多年，致力于 IB 国际文凭课程的教学已有二十年之久。现就职于沪上的一所 IB 学校，教授中文认识论与中文 A 两门课。IB 的教学理念是通过教育让世界变得更美好，每一位学生都是地球村内的公民，不但要学习知识与文化，还要能掌握一门外语。IB 的教育宗旨是将学生培养成积极探索、知识渊博、善于交流、勇于尝试、及时反思、全面发展的优秀人才。与徐教授一样，我也是抱着勇于尝试的心态，决定回到中国发展 IB 教学事业。学校为了让我能安心教学，为我提供了学校附近的教师公寓，还支付了相应的海外搬迁费，外加每年为我提供两张往返于中英的飞机票，以便我探望远在异国他乡的父母。事实证明我回国的决定是完全正确的。

**主持人：**谢谢两位老师。我相信随着国家影响力的不断扩大，高学历、高层次的专业人才回流的比率将不断提升。现今的中国有稳定的产业形势和众多的市场机会，这些都会将“海归潮”推向历史新高。最后，我衷心祝愿两位老师工作顺利。

**徐教授、黄老师：**谢谢主持人小云。

**主持人：**各位听众，今天的节目就到此结束了，我们下期节目再见！

## 听力练习 33　环境（普通课程）

### TRANSCRIPT

*情境：金海高中的同学在全国高中生环保科研展上发表得奖感言。他们的环保科研项目是远离"塑"命，收集塑料瓶来定制手机壳。*

各位老师、同学们：

大家好！

我们来自金海高中。我们的环保科研项目是：远离"塑"命，收集塑料瓶来定制手机壳。

我们的家乡金海四面环海。最近几年，原本干净的沙滩和蔚蓝的大海逐渐被塑料垃圾占据。这些塑料垃圾不仅夺走了美丽的风景，还影响了海洋的生态，很多海边的鸟和其他海洋动物因为吃到塑料垃圾而生病或死掉。塑料垃圾还在无声地威胁着人们的身体健康。我们一直在思考：怎么才能减少塑料垃圾，促进废物利用呢？

我们最开始发现周围很多同学经常换手机壳，比如，换成不同颜色的、不同字样的、不同图案的。换来换去，这些各色各样的手机壳其实大都是塑料的。而当我们看到学校运动场旁的垃圾箱总是塞满了同学们扔的饮料瓶时，我们就想到，要是垃圾桶能把塑料瓶"变身"成手机壳就好了。

项目刚开始的时候可以说是一波三折：我们最初使用的塑料粉碎机压力不大，而且经常坏。我们尝试过很多塑料压制机器，但是压制出的手机壳大多并不好看。还有些人不理解我们为什么一天到晚收集各种塑料瓶，甚至笑话我们是“垃圾大王”。种种挫折和彷徨的心情甚至让我们产生过放弃的念头。不过，我们还是不断地去实验室尝试。突然有一天，一切似乎都顺利了：新的粉碎机又小又高效。新启用的3D打印机能打印出任何想要的图案。那些原来不理解、甚至说风凉话的人被我们的坚持打动，好多人主动开始帮我们收集塑料瓶。

最后我们想感谢所有帮助我们的人：感谢金海教育局为我们提供充足的经费，让我们来参加这次全国的科研展。感谢金海大学的实验室借给我们实验器材，还有那里的老师给了我们很多专业的指导。感谢金海高中，我们母校的老师给我们提供建议并不断鼓励我们。感谢爸爸妈妈在我们难过时安慰我们。一路上有大家的帮助，我们今天才能走到这个领奖台，谢谢大家！

## 听力练习 34　环境（高级课程）

### TRANSCRIPT

*情境：播客演播室播放中国的太阳能之父黄鸣先生的人物介绍。*

听众朋友们：

大家好！

我是主持人小白。今天的这期节目，我将介绍中国的太阳能之父——黄鸣先生。黄鸣先生祖籍江苏泰兴，自1995年创办皇明太阳能公司以来，一直致力于可再生能源的宣传与发展。他迄今为止个人拥有50余项国家专利，是中国《可再生能源法》的主要提案人，被誉为“中国太阳能产业化第一人”。

黄鸣先生拥有的太阳能专利包括：太阳能帐篷，配有电源，具有取暖和保温的功能，深受广大消费者的喜爱。可折叠式太阳能灯，除了普通照明功能外，还可以听收音机，并有应急供电功能。太阳能灯折叠后不仅节省了空间也便于人们的携带。太阳能充电宝，可以为手机和平板电脑充电。其最大的特点为内含聚合物电芯，彻底解决了普通充电宝易爆炸的难题，而且充电量是普通充电宝的 1.6 倍；3 年内可反复充电 500 次，电量不会衰减。太阳能风扇帽，只要有阳光就能让小风扇持续运转，在炎炎的夏日为人们带来丝丝清凉。太阳能炊具，具有煎与烤的功能，十分安全，尤其适合外出旅游时使用。

黄鸣先生创建了太阳能热利用研究领域的核心技术体系，是中国太阳能产业化的开拓者和执行者。近年来，他在世界各国宣传太阳能热利用的理念，向各国民众展示他设计的各种太阳能产品，让人们真正感受到太阳能带来的好处。

在黄鸣先生的身上可以看到中国企业家的传统与优秀品质：坚持、执着、勇于创新、为人坦荡、脚踏实地。这也是他成功的秘诀。

## 听力练习 35　人权与平等（普通课程）

**TRANSCRIPT**

*情境：香港中岛学校 DP 一年级学生顾佳宜在做 CAS 活动，为本校小学生开展如何在上网时保护个人隐私的讲座。*

同学们：

大家好！

我是 DP 一年级学生顾佳宜。今天我想和你们讲讲如何在上网时保护个人隐私。一共有三个口诀，请大家一定记住：一藏、二思、三不见。

一藏：是指藏好自己的个人信息。不要轻易泄露个人信息。个人信息有很多，包括你的姓名、年龄、身体状况、学校、班级、家庭住址、联系方式，还有父母的姓名、联系方式、工作单位，以及你家的银行卡信息、银行卡密码。所有这些都属于个人信息。网络上任何人、以任何方式向你索要这些个人信息，都要和父母商量并获得他们的同意。一切网上，包括微信、QQ 上的一对一聊天，都是公开的。千万不要以为放在微信朋友圈或者 QQ 群里，就只有你的朋友可以看到哦。

二思：是指上网时要三思而后行。天下没有免费的午餐。不要轻易接受别人送给你的免费礼物。如果有不认识的人在网上要求加你为好友然后给你发红包，你一定要果断拒绝。不要随意打开陌生人发来的邮件或者信息，也不要随意打开不明链接。

三不见：是指不要轻易和陌生网友见面。首先，千万不要在网络上向陌生人表达情感、泄露信息。如果想要跟网友见面，一定要征得父母的同意，见面时让他们在暗中保护你。其次，如果上网时，你感觉网上有令你害怕或者不知所措的事或人，可以马上关掉网页，你还应该马上告诉父母或者老师。

上网时难免会有别有用心的人盗取你的隐私，以达到他们不可告人的目的。希望同学们时刻记住上面的三个口诀，学会自我保护，愉快、安全地上网。

## 听力练习 36　人权与平等（高级课程）

**TRANSCRIPT**

*情境：广东某 IB 学校 11 年级学生小美采访黄女士。*

**小美：**黄阿姨，您好！我是羊城学校 11 年级汉语班的学生，我叫小美。听说您已经在妇联工作十多年了，而且是社区妇联主席。我们今天访谈的专题是"男女不平等"。您作为一位资深的妇女工作者，在代表妇女权益、促进男女平等方面肯定做了大量的工作，积累了丰富的经验。现在请您来谈谈您的见解。

**黄女士：**小美同学，你好！一直以来男女不平等的话题都是值得民众讨论的。为什么社会进步了、时代发展了，但是男女不平等的现象却依然存在呢？其实古时候就是男女不平等的，唯有寥寥数几的原始母系社会出现过女子地位较高的状况。男性通过掌握生产资料获得财产支配权之后，男女地位就有了显著的差别。

**小美：**无论在国内还是国外都是这样吗？

**黄女士：**事实上东西方国家都存在着男女不平等的现象。古时候的欧洲女性若是出生在贵族家庭，她们的言行仍要受到众多约束。这和当时的中国是一样的。现如今，男女不平等现象依旧存在。单从各国政要的性别来看，尤其是在西方国家，有多少女性能成功当选为总统或总理呢？我认为争取男女平等的这条路还是很漫长的，但是我相信这种状况一定能改变。从新中国建立以来，中国女性的地位已经有了很大的提高。前国务院副总理吴仪女士就是一个很好的实例。她的能力、她的成功就是最好的证明，证明了女性一样可以走上领导岗位。今天，我们在各行各业都能看到越来越多自信、独立的女性的身影。中国妇女能顶半边天！

**小美：**对，您说得对。目前，女性地位有了很大提高，但是我们也常常听到在职场升迁等方面，女性容易受到歧视。

**黄女士：**我同意你说的，在东西方国家，大部分的领导岗位都是男性，这是不争的事实。你的学校是不是女教师人数比男教师多？在领导岗位的却是男教师多吧？

**小美：**您说得对。您不觉得这是对女性的歧视，也是一种偏见吗？

**黄女士：**小美同学，我们无法改变历史，有些保守的思想是根深蒂固的，我们也很难改变周围人的偏见。但是我们能通过知识与教育改变自己的言行，把自己培养成为有度量、有智慧、有担当的时代新女性，努力去改变男女不平等的状况。

**小美：**非常感谢您，黄阿姨。今天的采访就到这里。希望有机会还能与您一起继续探讨。

**黄女士：**谢谢你，小美同学。祝你学业有成！

## 听力练习 37　全球化（普通课程）

**TRANSCRIPT**

*情境：英欧电视台记者报道首趟中欧班列抵达伦敦的消息。*

英欧电视台记者 2017 年 1 月 18 日伦敦时间下午 1 点报道：天公作美，在连续多日的阴雨之后，今天突然放晴。天空湛蓝、阳光和煦、万里无云。正午时分，伦敦东区巴金火车站响起了极具中国特色的喧天锣鼓声，热闹非凡的中国舞狮表演让在场观众看得兴致勃勃。这些翘首企盼的观众包括中英两国政府官员、中英商会代表、铁路运营方、各路记者，当然还有提前来围观的当地群众。

在众人热盼的目光中，一辆来自中国的火车缓缓开进车站。这趟中欧班列于 1 月 1 日从义乌西站始发，一共搭载 34 节车厢，满载着 68 个标准集装箱的价值高达 400 万英镑的小商品，由中国阿拉山口出境，途经俄罗斯、波兰、德国、比利时、法国等 7 个国家，并穿越英吉利海峡隧道，一路上换了 3 次车厢以适应不同国家的铁轨宽度，全程 12451 公里，历时 18 天，今日最终到达终点站伦敦。

伦敦著名的卡斯商学院经济教授菲利普告诉记者，这趟列车可谓不远万里来到英国，具有重大意义，它把中国、欧洲内地、英国贯通了起来。这些年，义乌作为全球最大的小商品集散地，对英国出口快速增长。据海关计算，2016 年前 11 个月，义乌对英国的出口交易额约 5.78 亿美元，同比增加 16.7%，英国已成为义乌在欧洲最大的出口目的国。

美国有线电视新闻网也慨叹到这是世界上有史以来行程最长的班列。英国广播公司称，这趟班列大大缩短了中英两国间交易货运的时间和经济成本。如果使用海运，所耗费的时间将是火车运送的两倍以上，至少需要 48 天。如果是空运，不仅费用巨大，而且很难完成这么多货物的运送。《欧洲时报》称，义乌到伦敦的中欧班列使沿线国家都连在了一起，这有助于中欧“商贸之路”提升为产业和人员集聚的“产业经济带”。

## 听力练习 38　全球化（高级课程）

**TRANSCRIPT**

*情境：某电视专题节目报道世界经济研讨会。*

世界经济研讨会于今天上午 9 时在北京正式开幕。会议的主题是全球化。

下面是中国著名经济学家白教授的发言。

**白教授：**大家好！我是白木。现今的中国是全球化的受益国，也是贡献国。积极鼓励研发与科技创新，进一步扩大开放进出口贸易是中国的发展方向。全球化是当今时代的潮流，它让更多国家的经济与科技发展相互联系、相互促进。这需要各国之间摒弃各自的偏见与分歧，本着互惠互利的原则，让全球化的模式给各国的消费者带来更多的优惠与利益。

下面是北大经济系吴教授的发言。

**吴教授：**各位嘉宾好！我姓吴，来自北大经济系。我认为强劲的经济离不开强劲的消费。在全球化的今天，中国消费者为世界提供了新动能。自从改革开放以来，国家的经济开放政策不仅为国内消费者提供了多样化的选择，而且把中国的制造业推向了国际舞台，带给世界各国更多中国生产的商品，满足了各国不同消费层的需求。

下面是社会学家林教授的发言。

**林教授：**大家好！我姓林。记得多年前一则家喻户晓的广告词吗？“只选对的，不选贵的。”消费者需要的是什么？百姓过日子无外乎就是“开门七件事”——柴米油盐酱醋茶。它们的质量与价格和人们的日常生活是息息相关的。也正因为全球化的推进，消费者才有更多的选择机会，在家门口就能买到来自世界各地的商品。比如，2019 年春季，全球第二大零售超市巨头 Costco 也将在中国上海开第一家旗舰店。我们期待着有更多、更好的商品进入千家万户。

下面是中国国际学校王校长的发言。

**王校长：**各位好！我姓王，来自沈阳一所 IB 学校。我同意林教授所说的，现在来自各国的时令水果成为了人们家中的天然健康菜单，德国与日本产的汽车也成了人们的代步工具。小到吃穿用，大到科技产品与交通工具，全球高质量的产品都成为中国消费者的选择。除此之外，我还想补充另一点，那就是全球化的教育体系。以 IB 国际文凭课程为例，整个亚太区新学校的增长最快。全球化的国际学校有着与国内公立学校不同的教育理念，这种教育理念关注的是学校教育、全球高等教育、学前教育及职业教育等等。全球 IB 学校共用一本教学大纲，实行全球统考。随着国际学校的飞速发展，学生有机会可以选择进入不同的学校来完成之后的学业。

## 听力练习 39　城市环境与乡村环境（普通课程）

**TRANSCRIPT**

*情境：杭州某电台节目采访一位叫雷海为的外卖小哥。雷海为是《中国诗词大会》的冠军。*

**主持人：**听众朋友们大家好！感谢您收听"钱塘人生百味"栏目。今天我们请到演播室的嘉宾是《中国诗词大会》第三季总冠军，人称"最会背诗的外卖小哥"雷海为。听说您和杭州结缘也是诗词的缘故，能给我们讲讲背后的故事吗？

**雷海为：**我的老家在湖南农村。2001 年我二十岁，中专毕业后从老家出来打工。先后在深圳和上海做过很多工作，包括洗车工、餐厅服务员、推销员、销售等。2008 年觉得自己马上就三十了，应该“三十而立”，于是打算去一个山清水秀的地方稳定生活。来杭州和古诗词的确有很大关系。古诗词里描写杭州的特别多，所以我一直对杭州很向往。2011 年快递兴起时，我去送快递。2015 年外卖行业兴起的时候，我看外卖挣得更多，就开始送外卖了。

**主持人：**作为外卖小哥，你平时的生活是怎样的，能和我们讲讲吗？

**雷海为：**我一般早上八点钟起床，然后把早饭和午饭一起做了。吃完早饭出门送外卖。一般从十点多送到下午将近三点，然后回家吃午饭，也正好给电动车换电瓶。晚饭时间叫外卖的人比较多，我从四点多要送到晚上将近九点。

**主持人：**平时什么时候才能看书背诗词呢？

**雷海为：**差不多就是吃完午饭后，下午出去送晚餐之前吧，有大概一个小时的时间。还有就是等店家准备外卖的时候。

**主持人：**赢得比赛之后还会继续送外卖吗？会回老家吗？

**雷海为：**短期内还会送外卖吧。但是送外卖是个体力活，吃的是青春饭。有可能的话，希望将来从事文字类的工作，最好能和我喜欢的古诗词相关。我也想回老家创业，但是现在还没决定。

**主持人：**谢谢雷海为分享他的故事，预祝他未来一切顺利。谢谢各位听众朋友收听今天的节目。再见。

## 听力练习 40　城市环境与乡村环境（高级课程）

### TRANSCRIPT

*情境：电台主播小天在节目中朗读自己最新创作的随笔《我对城市与乡村的感悟》。*

听众朋友们：

晚上好！

我是主播小天。欢迎收听“十点听书夜读”节目，今天我要为大家献上近期写的一篇随笔，题目是《我对城市与乡村的感悟》。

昨晚做了个梦，梦中我又回到了出生地——上海郊区的青浦县，祖屋就坐落于有着百年历史的古镇内。一条幽静的小河把这里分为两个世界，河的一边是寂静的乡村，河的对岸是繁华的城市。古朴的石板街道，在雨后悄悄地萌发出绿色的青苔。从小木屋的烟囱里飘来阵阵的柴火香，大力家的小黄狗依旧懒洋洋地趴在杂货铺的门前，小茶馆里飘来的不仅是茶香，更是一片欢声笑语。走到巷子的最尽头，露天电影院正播放着电影《围城》。当年的我只要听说要播放电影，哪怕可能看不懂电影的内容，也会提着木板凳赶着去抢个最佳观看位置。

此时此刻，香浓的咖啡香从精致的骨瓷杯中飘散开来，我坐在书房中一边爬格子，一边望着窗外后花园内的小木屋。虽然没有炊烟，闻不到柴火的气息，却可以聆听布谷鸟在果树上悠扬的歌声。沿着石板小径是一条人工河，不同的是这里没有城市与乡村之隔。锦鲤悠闲地游来游去，游累了就依傍在假山石旁，享受人工喷泉带来的按摩浴。狗狗和猫猫慵懒、安详地趴在书房内陪伴着我。

花园内多处景观是按照记忆中的老家所建的，唯一不同的是我已身居国外，在一个年年被评为全球最适宜居住的现代化城市里生活了 30 年了。家乡的一草一木，无不饱含着我的思念之情。我已将家乡的景观复制到国外的家中，妈妈每天依旧在后花园的小木屋中来回穿梭、忙碌着，可总觉得缺少了什么。我忽然想起儿时的邻居大力。他一切可好？杂货铺还开着吗？是否还会去看露天电影？人到中年，经历了风风雨雨，经历了生活的洗礼，终于明白了《围城》故事中的内涵和深远意义，“被围困的城堡，城外的人想冲进去，城里的人想逃出来”。这句话同样适用于快节奏时代的乡村人和城市人。

人就是一个矛盾体，当年觉得世界那么大，不能蜗居在古镇一辈子吧？应该出去走一走，看一看，这一走就是 30 载。现居住的这个城市有着与中国乡村相似的自然生态环境，还有着高品质生活所需的先进的硬件与软件。这不正是我苦苦寻觅的一个没有城乡差别的城市吗？

我是主播小天。谢谢收听我最新的随笔。我们明天同一时间再见！

## 普通课程模拟试题一

### 文章一

**TRANSCRIPT**

*情境：某电视台采访在中国读大学的外国留学生鲁斯兰。*

**主持人：**观众朋友们好，今天我们请到了来自哈萨克斯坦的留学生鲁斯兰。他现在就读于北京科技大学。鲁斯兰的血型是 Rh 阴性血。这种血型因为非常罕见，俗称为“熊猫血”，意思是像熊猫一样少见。在中国留学这几年，鲁斯兰累计献血量已突破 5000 毫升，相当于把全身血液换了一遍，人们称呼鲁斯兰是“熊猫侠”。下面我们来问问他来中国的经历。你刚来中国时习惯吗？

**鲁斯兰：**观众朋友们大家好。我刚来中国时去的是海南。一开始不太习惯，那里特别热，特别潮湿，很多菜里都有辣椒。我的家乡没有那么热，也没那么潮湿，所以一开始我特别不习惯。那会儿我也吃不惯辣椒，担心那么多菜都有辣椒，我会不会饿死？但是我现在已经习惯中国的气候，也变得爱吃辣椒了。

**主持人：**你从什么时候开始献血？

**鲁斯兰：**2009 年在海南的时候，我看到学校有一辆大巴车，旁边有好多同学排队。正好有个朋友也在排队，他告诉我说大家在排队无偿献血。我想这是好事，能帮助别人，于是也开始排队。后来发现我的血型很特殊，特别紧缺，我就开始定期献血。

**主持人：**能介绍一下你现在的生活吗？

**鲁斯兰：**我现在和我的妻子格日乐都在北京读研究生。格日乐是蒙古人。我们 2016 年有了一个女儿，叫索菲亚。

**主持人：**你将来有什么打算？

**鲁斯兰：**将来我希望继续在中国生活，也想找一份和我的祖国还有中国经济相关的工作。我还特别希望索菲亚长大后不仅会说我们的母语——哈萨克语和蒙古语，还会说汉语、英语和俄语。

## 文章二

### TRANSCRIPT

*情境：新加坡星岛卫视报道关于社区邻里建设的话题。*

随着生活节奏的加快和生活方式的改变，很多人住在一栋楼里，时不时打个照面，但不知道怎么称呼对方。还有很多人连自己邻居的长相都记不住，连邻居是谁也不知道。

国立大学社科研究院的专家指出：邻里关系是最不应该忽略的、却也是最容易被忽略的社会关系。据最新统计，我国目前有 52% 的人不知道邻居的名字，73% 的人没有邻居的电话号码或者其他联系方式，49% 的人即便长时间不见邻居出门也不会探听对方是否出事。

俗话说："远亲不如近邻"。近期政府组织了很多活动，号召大家都像关心自己的家人一样关心邻居，重新建立强大的邻里关系，互帮互助，共建和谐社区。其中两项举措就是邻里中心的建设和青年志愿者的召募。

据悉，建设邻里中心是为社区居民提供公共生活配套服务，其中包括餐饮店、菜市场、超市、美容美发店、健身中心、药店、自动提款机、托儿所等。从"油盐酱醋茶"到"衣食住行闲"，周围居住的居民步行最多 15 分钟便可享受到"一站式"的服务。

社区青年志愿者则是从社区招募 15 至 30 岁的青少年志愿者。有意参与志愿活动的青少年都是自愿报名的，可以选择参加或者自发组织活动：有做社区清洁宣传垃圾分类的，有种植花草美化环境的，有义务照顾生活不方便的孤寡老人的，有帮助新移民尽快融入社会的。还有的志愿者利用手机 APP 连结邻里关系，在小小的手机上就能和社区邻居互动、联系。

## 文章三

### TRANSCRIPT

*情境：电视台报道三亚市海京中学女子冰壶 (Curling) 队近期在国际比赛中获得奖杯的消息。*

11 月 11 日，第九届国际青少年冰壶邀请赛在俄罗斯中部城市喀山举行。作为全国中小学生校际冰壶联赛三连冠的球队，三亚市海京中学女子冰壶队代表中国前往俄罗斯参加该项赛事。经过两个多礼拜的激烈比赛，四名球员最后以 5 胜 1 平 1 负的成绩取得银牌，积分仅比俄罗斯选手落后 2 分。

据了解，比赛中，海京中学女子冰壶队接连两次战胜韩国队，又赢了美国纽约市队，在所有的比赛中仅输给东道主俄罗斯队。俄罗斯国家少年队整体年龄较大，由全国选拔出的最好的队员组成。

海京中学女子冰壶队的队长方冰玉，今年十三岁，是四名小球员中年龄最大的。冰玉说虽然她在海南长大，但是她小时候经常跟着爸爸妈妈在放寒假的时候回东北沈阳老家，从小就喜欢打雪仗、溜冰。她开始练习冰壶是因为六岁时在电视上看到中国女子冰壶国家队在冬奥会上的比赛。

冰玉介绍说她的几名小队友虽然年龄都不大，但她们都至少有五年的“冰龄”了。“老队员”马小雪是土生土长的三亚人。小时候因为身体差，经常往医院跑。刚满五岁的时候就被爸妈送去学游泳。不久后她看见练游泳的场馆旁边建了一个冰场，里面有人在练习冰壶，她觉得很酷。从那开始，算起来小雪已经练了六年半冰壶了，是个名副其实的“老队员”。

小队员们都说这次在俄罗斯的比赛是个很好的锻炼、证明自己的机会。以后自己会更努力，争取在 2022 年北京冬奥会的时候去北京看冰壶比赛。

带队老师叶老师表示，这是小球员们第一次走出国门去比赛。她们都是利用晚上或周末训练的，比较辛苦，能坚持下来非常不容易。叶老师还说，通过比赛，同学们懂得了什么是团结合作、该如何面对胜负，这是比结果更重要的收获。

## 普通课程模拟试题二

### 文章一

**TRANSCRIPT**

*情境：台北市耀华高中的 DP 一年级学生陆德安通过学校电台招募大熊猫保护基地的志愿者。*

各位同学、老师：

大家中午好！

我是 DP 一年级学生陆德安。我今天想通过学校电台向大家广播并招募十名暑期赴四川成都的大熊猫志愿者。这个活动将作为 CAS 课程的一部分，我校 CAS 协调员高老师已经批准，他将作为活动监督员和我们一起去成都当志愿者。

我们预计 7 月 1 号出发，从 2 号到 16 号在成都大熊猫保护基地做志愿服务，中间不休息。17 号起我们可以分头活动，可以继续在周边地区旅游或者回家。

志愿活动的工作包括：大熊猫保护知识讲解员、小学生夏令营助教、英文导游和饲养员。大家可以按照自己的兴趣和特长自由选择，每周可以轮换不同的工作。

如果你感兴趣，请在下周五之前与我联系。我是DP一年级的陆德安，我的微信号就是我的手机号码977218158。大家可以给我打电话或者在微信上给我留言，也可以在脸书上加入"我们都爱大熊猫"的群。

如果你喜欢国宝大熊猫，愿意和它们近距离接触，并且暑期有时间，那就是我们寻找的小伙伴。谢谢大家，期待你的加入！

**文章二**

**TRANSCRIPT**

*情境：电视节目采访汤姆。汤姆是中国美食在线直播频道的主持人。*

**主持人：**欢迎收看《美食天下汇》节目，我是主持人刘淑怡。我们今天不去伦敦的大街小巷寻找美食，而是请大家和我们一起走访一位土生土长的伦敦人汤姆。可能您会好奇，汤姆到底特别在哪儿呢？我们请汤姆自己来说说。

**汤姆：**大家好！我是汤姆，欢迎大家来到我的工作室。我在这里主持一个在线直播频道，叫"十分钟学做中国菜"，专门教大家做中国菜。

**主持人：**汤姆，你好！能先和我们说说为什么你会想到做这个吗？

**汤姆：**我从小就住在中国城附近，特别爱吃中国菜，也爱自己在家琢磨着做中国菜。上大学的时候我去中国做交换学生，那是我第一次去中国。到了中国，我才发现中国的中国菜和我以前吃的中国菜不大一样。后来，我的中国朋友介绍我去看《舌尖上的中国》，我就想有那么多英国人从没见过的中国美食，我应该把它们都带回伦敦来，教给大家。

**主持人：**你现在做了多少期节目？有多少个粉丝？

**汤姆：**我已经做了 25 期了。粉丝最多的时候同时在线 569 人。订阅我节目的有六万多人。

**主持人：**你自己最喜欢哪一期节目？

**汤姆：**我每一期都挺喜欢的。要说比较难忘的，就是有一次我收到一个叫爱丽丝的粉丝的电邮。她说她住在苏格兰一个偏僻的小岛上，特别爱吃中国菜，可是附近又没有中餐馆。她特别感谢我，说她跟着我的节目学会了炒牛肉、宫保鸡丁、糖醋鱼，现在在家里就可以自己做来吃了。

**主持人：**你的粉丝都是外国人吗？

**汤姆：**大部分都是，英国人最多，也有法国人、荷兰人等等，还有一部分中国人，都是留学生。一个叫唐晓芸的女留学生告诉我她以前不会做饭，是跟着我的节目学会的西红柿炒鸡蛋。晓芸说看我的直播跟着学，可以一边试着自己做，一边即时打字问问题，特别有趣。

**主持人：**谢谢汤姆。祝你的在线直播频道越办越好。

## 文章三

### TRANSCRIPT

*情境：某电台财经频道报道人工智能时代的职业。*

现在很多人对快餐店的自助点餐机都非常熟悉。仅仅需要动下手指，在不到一分钟的时间内即可完成食物的选择，甚至还可以自定义饮料中要加多少冰块，或者汉堡包中要不要加酸黄瓜。截止到 2018 年底，在美国某知名快餐连锁店，多达 75% 的人类收银员被这样的自助点餐机取代。

某著名大学的研究员更是预言在不久的将来，美国几乎一半的就业岗位、印度三分之二的岗位、中国四分之三的工作都有可能被人工智能取代。专家甚至指出大多数工作内容单一、重复率高、创新性低的工作都有可能被取代。收银员、餐厅服务员、司机、清洁工、园丁、水管工等工作有高达 70% 的概率被机器人取代。

无人餐厅、无人超市等智能服务业的兴起，使人们仅仅依靠手中的手机轻轻一扫就可以完成就餐和购物。一些大型连锁超市虽然仍有收银员，但是自助结账付款系统使用也非常广泛。城市公共交通中的无人驾驶更是在近年来迅速发展。全球首列无人驾驶有轨电车 2018 年已经在中国下线试行。其最高时速达 70 公里，环保且低噪音。造价低了 4/5 的智能无轨电车也在加紧研发中。这些智能系统的使用大大降低了人力成本，也几乎完全避免了因人类误操作而带来的麻烦。

为了降低错误率、提高工作效率，大型跨国投资银行近年来裁减了成千上万个重复率高、需要大量计算的人工岗位，比如会计和出纳，转而使用人工智能。

与此同时，专家们也推测有些工作在短期内很难被人工智能取代。首先，那些需要与人大量互动的工作，比如教师、牙医，不太会被人工智能代替。其次，人工智能也很难迅速拥有独立创新或抽象思维能力，所以广告策划、程序员等职业也不会很快消失。再次，企业高级管理等需要复杂逻辑推理和决策能力的工作，短期内人工智能也很难取代。

无论您的工作是否会被人工智能取代，目前的职业格局都在发生巨大的变化，各种行业形形色色的工作岗位几乎都会受到影响。问题是，你准备好了吗？

## 高级课程模拟试题一

### 文章一

**TRANSCRIPT**

*情境：澳洲华人电视台记者玛丽在新闻报道中采访本地华人。*

**记者玛丽：**根据 2017 年全国人口普查的数据显示，截至 2017 年底，在澳居住的华人有 121 万人，这些人有在职工人、在校学生、在家的主妇，还有年迈退休的老人。这次人口调查反映出当地华人的工作水平、所从事的职业及生活状况等等。华人所从事的职业遍布社会各个领域，有教师、药剂师、会计师、软件程序员、注册护士、餐馆厨师、咖啡店服务员等等。人数最多的、排名第一位的职业是会计师，其次是销售助理及零售经理，共有 36826 人。移民来澳的华人有的走向了成功，有的经历了落差。每一位离开故乡踏上移民之路的华人背后都有着自己的故事。旧时居住在唐人街的“原住民”早已搬离了该街区，街上仍能找到上好的中国刺绣、文房四宝及中国古玩，而原来古旧的小商铺、小茶馆和中餐馆如今早已被彰显现代气息的中式及东南亚餐馆、专卖店所替代。没有改变的是唐人街依旧耸立着有着百年历史的维多利亚式古建筑，完整保留下了历史的痕迹，而且随着年代继续慢慢沉淀。每日的午餐和晚餐时间，唐人街上熙熙攘攘，成千上百在市区工作的华人和来自中国的留学生来此用餐。记者在唐人街的一间茶餐厅采访了在银行工作的华人白领王小姐。

**王小姐：**我是五年前移民来澳的，曾经在北京的证券交易中心做过高层管理，也算是个叱咤风云的人物。当初来到这个陌生的国度，我放低姿态，一切都从零开始，努力打拼。由于英语欠佳，一开始在语言学校学习，之后完成了经济学的硕士学位。年初找到了这份银行的工作。以前面对困难时都会诚惶诚恐、不知所措，经过这几年的磨炼，我可以更加从容淡定地对待一切。我不后悔移民来澳，来到海外让我有更多的时间来思考、决策和行动。而且最重要的是没有人会来对我评头论足。我只要管理好自己的生活，把握住自己的人生就行了。

**记者玛丽：**谢谢您，王小姐。海外华人每一次的蜕变都记录下了生命成长的历程，华人坚毅果敢地经历了千辛万苦才能深刻体会到成功的珍贵，才能明白珍惜的意义。本台记者玛丽报道。

## 文章二

**TRANSCRIPT**

*情境：汉语班的学生在课上看了一部讲述中国人生活方式的纪录片之后，两位学生讨论相关的话题。*

**小白：**兰兰，看了这部中文纪录片之后，对于中国人的生活方式这个话题，我想来谈谈我的感想。我发现当代中国人的生活方式变化很大，我个人觉得这种生活方式的改变是朝着西化的方向发展的。这充分体现了中国对西方文化的包容性，是接受多元文化的表现，更是一种与世界接轨的体现。在片中我看到，年轻人的服饰跟以前中国的传统服饰完全不同了。在马路上，你很难看到女士穿旗袍，男士穿中山装或马褂，取而代之的是各类五颜六色的T恤、衬衫，更彰显出人们的个性。这也和西方国家一直推崇的独立性相一致。

**兰兰：**对不起，小白。我不同意你的看法。在我的印象中，中国女士穿传统、裁剪合身的旗袍，正展现女士的柔美之感。中国男士着中山装非常特别，体现出男人的刚毅之美。这类服饰在西方国家是看不到的。我认为传统的中国服饰是中国的象征。可是现在人们日常的穿着已经和西方没有什么区别了。我觉得中国传统的文化意识在现今中国人的心目中越来越淡了。

**小白：**你也应该注意到，中国人在传统的节假日、喜庆之日都会穿传统服装，比如春节人们大多穿红色的棉袄，孔子诞辰日学生会穿上汉服去参加祭典，结婚喜庆之日新人会穿上传统的旗袍。我再举个例子，在日本的大街上，你平日很少看到日本人穿和服，但在日本的各大庙宇或者婚礼上都可以看到日本人穿和服，这就是人们对本土文化的尊重与珍惜。记得当年在中国举办亚太经合组织会议期间，中国的领导人还将改良的中式服装作为礼物送给每一位来参会的领导人呢！现在在中国的北京、上海、广州这些大城市，不管是年轻人，还是中老年人，都穿着不同款式的衣服 。尤其是年轻人，不仅接受西方文化，也喜欢日本和韩国的流行服饰，追逐时髦与潮流，展现自己的个性。我看到的，是一个既保留着传统文化又融入了西方与亚洲其他地区文化元素的充满活力的新中国。此时此刻，我只想为中国点赞。

**兰兰：**你说的也不是没有道理，但是我还是希望在二十一世纪的今天能看到保留传统文化的中国。想象一下穿着锦缎旗袍与丝质长衫的男女老少穿梭于上海的石库门之间，穿着马褂提着鸟笼的老大爷与穿着五四青年套裙手持书本的女学生进出于北京的胡同之中，这是一幅多么和谐美好的画面啊！这样的中国一定可以吸引更多的西方人来体验中国传统文化，感受风土人情。

## 文章三

### TRANSCRIPT

*情境：“我”去了一家维吾尔族工艺品店，收到了一份特别的中秋礼物。*

梳妆台上，有一个精致的传统维吾尔族手工刺绣的手袋。它的正反面都绣着一片片浅金色的叶子，熠熠发光。这是一个陌生人赠送的礼物，我一直珍惜着。

那年的中秋节，从阿里木的店里出来，我急忙擦掉眼泪。有生以来第一次在陌生人面前感动流泪，也第一次主动诚挚地去拥抱一位陌生人。路过新开的“维吾尔族概念”店，鲜艳的色彩一下子把喜爱民族风的我吸引进去了。小店主人是一位长相朴质的年轻人，他等我自由观看一会儿后，走过来认真介绍店里的产品。我和年轻人聊了起来。

他叫阿里木，是维吾尔族人，来自新疆，半年前关了吐鲁番的店到北京打天下。家族生意从爷爷开始，传到阿里木这一代，已经六十多年了。

说起家乡吐鲁番，阿里木眼里闪着光：“吐鲁番美极了，那里的星星像水晶一样，离你那么近，简直伸手可及。”我问起他的家人，他表情凝重起来。我们一直聊，聊到传统工艺、社会经济、民风俗事。我的思绪跟着阿里木在吐鲁番漫游。

我选好了一个羊皮包和一条羊毛围巾。阿里木赠送给我一个印有维吾尔族图案的布袋子，说可以用来装羊毛围巾，我自然开心地收下，心想这不过是经营方式。

帮我把东西都装好后，阿里木搓搓手，对我说：“谢谢你，你帮助了一个小家庭，我们不是什么大公司，只是家传生意而已，谢谢你。”我心里很暖，含笑致意，准备告辞，他却继续说道：“你是第一次登门的顾客，我用什么感谢你呢？”他指着货架上的传统新疆手袋：“这些你喜欢哪一个？随便挑一个，是我感谢你的礼物。”

我的喉咙里突然有一块硬硬的东西梗得很疼。我知道，阿里木是真诚的，他的一言一行里，全是诚心和信用。那些手工手袋是用挑花、绊金、绊银、串珠等制作方法，绣织出各种图案。以前在北京的一家工艺美术品商店见过，一个动辄就要上百人民币。我婉拒，但他坚持，最后我只好说，好吧，你帮我选一个吧。他毫不犹豫地拿起最大、最艳丽的一个。说道：“这些图案是维吾尔族最典型、最传统的，希望你喜欢。”终于没能忍住，我第一次在一个陌生人面前掉泪了。我什么也说不出，只能给他一个真诚的拥抱，并哽咽着祝福他一切美好顺利。中秋节是团圆之日，但阿里木为了家人未来的生活过得更好，必须要坚守在小店里。

那个中秋节，只因我买了他的商品，而收到一位陌生人的礼物，它来自那个遥远的、满天水晶般星星的吐鲁番。我会永远珍惜这个手袋，和那颗诚挚的心。

改编自《赤道风》杂志杨放原文《圣诞礼物》

## 高级课程模拟试题二

### 文章一

**TRANSCRIPT**

*情境：某电视节目主持人采访上海沪江汽车有限公司的经理马克。*

**主持人：**各位观众大家好！让我先来介绍一下今天的特约嘉宾——上海沪江汽车有限公司的马克经理。非常感谢您今天来到财经台的演播室。

**马克：**各位电视机前的观众、主持人，晚上好！非常荣幸今天能向大家介绍我们近期建立的上海第一家电动汽车厂的情况。

**主持人：**您流利的汉语真是让我们出乎意料呢！

**马克：**哪里，哪里！主持人过奖了。

**主持人：**看来您对中国文化是极为了解啊！中国的观众都非常想知道您这样一位地地道道的美国人怎么会想到来中国建厂呢？

**马克：**首先我要感谢我的中国太太。结婚多年来是她一直鼓励我来中国创业，当初我设计并生产全电动汽车的灵感也是来自我的中国太太。记得多年前我们全家去北京旅行，正好遇到雾霾，马路上到处都是汽车，空气中弥漫着汽车废气的味道，让人无法呼吸！当天我的小儿子吉姆的哮喘病就复发了。我太太说如果未来的汽车都是用电的那该多好啊！既无味又环保，儿子的病就不会那么严重了！一个大胆的设想就在那天萌发了。回到美国后，我用了一个月的时间就设计出了草图，之后联系了专业的机械工程师，用了 10 个月的时间研发了全电动式的汽车模型，又花了 3 年的时间打造出了全球第一辆电动家用汽车。

**主持人：**请您谈谈电动汽车在中国的前景。

**马克：**我预计到 2022 年，中国百姓拥有汽车的数量将超过美国，中国将成为世界第一汽车大国。我与太太都希望能为中国的消费者提供高性价比、高质量、环保的电动汽车。因为在中国建厂可以减少关税、节省运输费，我预测未来电动汽车的价格可以下降 40% 左右。

**主持人：**那您是否打算关掉美国的汽车工厂，把重心放在中国汽车制造业上呢？

**马克：**不，美国的汽车工厂不会关闭。我希望未来全球的人都能用上环保型的全电动汽车，况且美国的汽车工厂也不让我费心。我在美国的汽车工厂雇佣的员工非常认真负责，它们是 150 个机器人。从原材料加工到成品组装一气呵成！也就是说汽车制造的四个步骤，冲压生产线、车身中心、喷漆与烤漆中心以及组装中心都是由这 150 个机器人来负责的。

**主持人：**全部采用机器人来完成？这听上去太神奇了！那您在中国汽车厂的生产也是采用机器人来完成吗？

**马克：**我太太说得对，我们既然移居到中国，并把中国作为未来的主要市场，那么我们就应该为中国的就业市场做些贡献。此外，中国人的聪明才干以及吃苦耐劳的精神也让我非常敬佩。所以，我打算雇佣五成的中国工人，还有五成依旧是由我们的机器人来做。

**主持人：**马克经理，我代表财经台与中国的消费者感谢您在中国汽车制造业和推动中国环保事业发展方面做的努力。祝您马到成功！也祝福您与您的家人在中国的生活幸福美满。

**马克：**谢谢主持人。对，是"马"到成功！

**主持人：**您还是一位汉学家啊！敬佩敬佩！

**文章二**

**TRANSCRIPT**

*情境：社区报记者小何采访在中国生活多年的外籍网店店主天天。*

**天天：**亲，我在呢！有什么能帮到您？

**小何：**如果不是亲眼所见，谁能相信坐在我对面的这位网店小老板是位外国友人呢！短短的五年时间就把你变成了地道的中国人！

**天天：**是的，开店五年来，我已经练就了一身网店中文客服的技能。

**小何：**真是佩服你敏锐的商业头脑与流利的中文口语技能。天天这个中文名字也起得很特别，有什么特殊的意义吗？

**天天：**哪里，哪里，不敢当，不敢当。天天这个名字是我的汉语启蒙老师给我起的。14 岁那年，当我第一次走进中文课堂，就被优美的语音语调，还有充满艺术美感的汉字所深深吸引。从中学到高中再到大学，我一直主修中文。中国人常说："学好数理化，走遍天下都不怕"。可时下在国外却有着"学好汉语，不怕失业"的信条。就拿我住的那个小区来说吧！居住的"老外"几乎比中国人还多呢！

**小何：**你被称为"老外"时会感到生气吗？

**天天：**我们对任何人或事都应该抱有一颗平和与包容之心。在我刚到中国时，陌生的国度、不同的生活环境，这一切并没有让我感到孤独，那是因为我得到了许多中国朋友的鼎力相助。其实，中国人叫外国人"老外"并没有任何歧视或者恶意，这仅仅是一种调侃，为人们平淡的生活增添一丝趣味而已。我一直被称为"小老外天天"，而且我的网店就叫"老外天天店"。我的外表是老外，这是无法改变的，可我的内心早已中国化了。

**小何：**为什么会想到在中国开网店呢？

**天天：**我从小就立志要学好汉语，还要爬趟长城，当一次好汉。后来我到中国后就再也不想离开了。这不一扎根就是五年嘛！在中国，只要有创意、有行动力，就能自己创业。目前我的客户有五成来自美国及东欧国家。

**小何：**网店主要经营的产品有哪些？

**天天：**没有特别固定的商品，经营的产品随着中国的季节与传统节日的变化而变化。春节时将传统的年画、春联、红包、剪纸等商品卖到国外，中秋节就是上海杏花楼的月饼，秋季则是北京稻香村的点心盒子等等。

**小何：**听说你开了个人博客，还有不少忠实粉丝。

**天天：**对，我的博文是用中英文写的。初期开博客的目的是将我在中国生活的点点滴滴写给远在故乡的亲朋好友，报个平安，后来我融入了不少在中国旅行过程中的所见所闻。到现在已经吸引了超过十万的网络粉丝。这两年，在我自己的国家，歧视中国人的事件频频发生。我开博客与网店的另一个目的就是要用我的方式传播中国文化，消除外国人对中国的偏见。

**小何：**太好了！祝你生意红红火火。

**天天：**谢谢。我要把中国文化输出到全世界，让全世界的人都能感受到中国文化的魅力。

## 文章三

### TRANSCRIPT

*情境：12 年级汉语班的学生艾美丽针对英国政府近日正式颁布的征收糖税这一新规，在市区某超市门口对当地华人做了一个采访。*

**艾美丽：**对不起，打扰一下，耽误您二位几分钟时间可以吗？我叫艾美丽，是伦敦国际中学汉语班的学生。我在完成一份作业，话题是关于政府近日颁布的征收糖税的新条例，想请二位谈谈你们的看法，可以吗？

**徐女士：**哦！你汉语说得真不错！

**王先生：**汉语说得这么棒，不容易。我看咱们应该配合一下这位会说汉语的小同学！

**艾美丽：**太谢谢您二位了！请您二位先做个自我介绍吧！

**徐女士：**我姓徐，移民来到伦敦近二十年了，现在已经退休了。

**王先生**：我姓王，移居到这个城市有八年了，在市区的一所中学教数学。

**艾美丽**：徐女士好！王老师好！很荣幸认识二位、有机会采访你们！好，咱们言归正传吧！先请徐女士谈谈对政府征收糖税的看法吧！

**徐女士**：你看超市货架上绝大部分摆放的都是含糖的食品和饮料，看得我是眼花缭乱啊！就拿这个超市来说吧，就在学校附近，学生一下课都上这儿来买饮料啊、蛋糕啊、糖果啊。人们总是说青少年肥胖症愈来愈严重，这么多的孩子吃高糖食品、喝高糖饮料，你说能不胖吗？

**艾美丽**：徐女士，您支持这次的新税政吗？

**徐女士**：我认为这次政府出台糖税新政是一件好事。生产制造商会降低食品中的含糖量，听说现在有的饮料公司已经开始减少饮料中的含糖量了。我希望所有的食品制造商都能意识到这个危及健康的罪魁祸首——高含糖量。

**艾美丽**：王先生的意见呢？

**王先生**：多征税向来是不受民众欢迎的。在西方国家，民众推崇的是个人主义。喝不喝含糖饮料也属于个人的选择与自由，老百姓不该为此付税的。

**艾美丽**：王先生，您是否认为因为欧洲的一些国家实施了糖税制度，所以英国政府也借鉴此政来减少肥胖症呢？

**王先生**：对的，法国、丹麦、挪威等国现在已经成功地实施了糖税制度。对于英国的糖税新政，我认为，如果能够让人们特别是青少年不再购买不健康的饮料，让那些高糖、高脂的垃圾食品消失的话，我一定是举双手赞成的。但是我们还要注意的是，生产商是否把税通过提升价格的方法转嫁给我们消费者呢？食品中的含糖量是否真的减少了呢？

**艾美丽：**据我所知，2016 年在政府宣布糖税的计划时，预计每年政府可以增加五亿多英镑的税收。后来商家们因为征税纷纷主动减少了食品中的糖量，结果税收的预计值减少了近五成。

**徐女士：**应该说这次征糖税是向解决肥胖症的问题迈出了积极的一步。新闻中也提到，政府打算将 2.4 亿英镑的糖税收入用于学校运动设施的投入。

**艾美丽：**徐女士，您对国家新政与社区新闻真是了如指掌啊！您说对了，税收资金将用于学校运动设施与营养早餐的投入。

**王先生：**另一个问题是，征收糖税了，消费者就真的不买高糖食品了吗？如果人们照买不误，那肥胖症仍旧是无法减少的。

**徐女士：**我觉得如果政府真心想解决肥胖症的问题，就应该加大力度，在各大媒体和学校多宣传、多教育才是。

**艾美丽：**我完全同意二位的说法。今天非常感谢徐女士与王老师。

**徐女士：**不客气！

**王先生：**不客气！也祝小同学学业有成！

**艾美丽：**谢谢！再见！

**徐女士、王先生：**再见！

视觉形象设计　靳刘高创意策略
责任编辑　尚小萌
书籍设计　任媛媛
排　　版　陈先英

书　　名　**飞跃——IBDP 中文 B 听力专项训练**（简体版）
*To Excel - IBDP Chinese B Listening (Simplified Character Version)*
编　　著　岳咏梅　牟楠楠
出　　版　三联书店（香港）有限公司
香港北角英皇道 499 号北角工业大厦 20 楼
Joint Publishing (H.K.) Co., Ltd.
20/F., North Point Industrial Building,
499 King's Road, North Point, Hong Kong
香港发行　香港联合书刊物流有限公司
香港新界大埔汀丽路 36 号 3 字楼
印　　刷　美雅印刷制本有限公司
香港九龙观塘荣业街 6 号 4 楼 A 室
版　　次　2019 年 1 月香港第一版第一次印刷
2019 年 8 月香港第一版第二次印刷
规　　格　16 开（170 × 240 mm）216 面
国际书号　ISBN 978-962-04-4363-3

Published & Printed in Hong Kong

请扫描二维码或登录网站 chinesemadeeasy.com/to-excel
注册 / 登录后，输入本书密码（见封二），获取听力录音
温馨提示：每本书只有一个密码，只能绑定一个账户